高等职业教育物流类专业系列教材

# 物流法律法规

主　编　李秋雯
副主编　刘　杰
参　编　庄琳琳　李亮亮

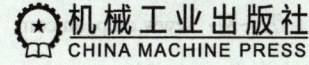

本书是全国物流职业教育教学指导委员会"基于新专业标准的物流类专业教材建设"专项课题研究成果,依据新专业标准编写而成。本书紧跟《中华人民共和国民法典》等法律法规的立改废释,选取物流行业典型法律案例,采用情境式模式,设计认知物流法律法规、依法开展物流采购活动、依法开展物流仓储活动、依法开展货物装卸搬运活动、依法开展流通加工和配送活动、依法开展货物包装活动、依法开展货物运输活动七个学习情境。每个情境下又分为若干个子情境,全书共 24 个子情境,涉及物流基本法律制度、采购、仓储、装卸搬运、流通加工、配送、包装和运输法律制度。通过典型物流法律案例学习,培养和提高读者的法律问题分析和应用能力。

本书具有通用性和实用性,既可作为高职院校物流类专业的教材,还可用于物流从业人员的在岗培训,并为社会广大创业者提供有益的学习指导。

### 图书在版编目(CIP)数据

物流法律法规 / 李秋雯主编. -- 北京:机械工业出版社,2025.8. -- (高等职业教育物流类专业系列教材). -- ISBN 978-7-111-78639-9

Ⅰ.D922.294.1

中国国家版本馆 CIP 数据核字第 202596BU64 号

机械工业出版社(北京市百万庄大街 22 号　邮政编码 100037)
策划编辑:孔文梅　胡延斌　责任编辑:孔文梅　胡延斌　章承林
责任校对:樊钟英　张　薇　封面设计:王　旭
责任印制:张　博
北京机工印刷厂有限公司印刷
2025 年 8 月第 1 版第 1 次印刷
184mm×260mm・10.5 印张・254 千字
标准书号:ISBN 978-7-111-78639-9
定价:45.00 元

电话服务　　　　　　　　网络服务
客服电话:010-88361066　　机　工　官　网:www.cmpbook.com
　　　　　010-88379833　　机　工　官　博:weibo.com/cmp1952
　　　　　010-68326294　　金　书　网:www.golden-book.com
**封底无防伪标均为盗版**　机工教育服务网:www.cmpedu.com

# 前 言
Foreword

市场经济是法治经济，开展物流活动也要遵守法律。目前我国尚未形成一套系统的物流法律法规，有关物流活动的法律制度散见于其他法律法规中，不便于学习者的学习和掌握。为增强针对性和可操作性，特编写本书，以供参考。

本书根据最新修改、制定的法律制度编写而成，将党的二十大精神和习近平法治思想融入本书，实现知识传授、能力培养、价值塑造三位一体的课程育人目标。本书体现时代特色，突出课程实践性和开放性的特点，实现了理论和实务的有机统一，使学习者通过对采购、仓储、装卸搬运、流通加工、配送、包装、运输环节法律制度的学习，掌握物流法律制度的规则、原理，培养法律思维、意识和解决一般法律问题的能力，为仓储管理、运输管理等后续专业课程的学习奠定坚实的基础。

本书采用情境式编排，分为认知物流法律法规、依法开展物流采购活动、依法开展物流仓储活动、依法开展货物装卸搬运活动、依法开展流通加工和配送活动、依法开展货物包装活动、依法开展货物运输活动七个情境。每个情境下又分为若干个子情境，全书共24个子情境。

本书在编写架构上，具有如下特点：

1. 每个情境的开始部分设有篇首语，介绍该情境的主要内容，指出完成该情境所要达成的知识目标、能力目标和素质目标，配备的知识导图有助于学生对情境内容的整体把握。

2. 每个子情境均以典型物流案例为主线进行设计，第一部分"情境导入"，针对需要掌握的关键知识提出问题，方便学生有目标地学习。第二部分"知识学习"帮助学生带着问题学习法律知识。第三部分"情境分析"，提供了案例分析思路，做到首尾呼应。每个情境结束都设置了"闯关考验"，根据课程重点设置练习题，供学习者检验学习效果。

本书的编写工作由山东交通职业学院李秋雯、刘杰、庄琳琳及泽中律师事务所李亮亮组成的编写组负责。全书由李秋雯担任主编，由刘杰担任副主编，由文康西海岸律师事务所杜勇担任审校人，全书各个情境内容均由主编及审校人逐一修改和统稿。编者在本书编写过程中与北京京东世纪贸易有限公司合作，同时参考了大量有关书籍和文献著作，引用了很多专家学者的资料，在此对他们表示衷心感谢。由于编者水平有限，书中难免存在不妥之处，恳请各位读者批评指正。

为方便教学，本书配有电子课件等配套教学资源。凡使用本书的教师均可登录机械工业出版社教育服务网 www.cmpedu.com 下载。咨询电话为010-88379375，或加入QQ群：962304648。

编 者

# 二维码索引

| 名称 | 图形 | 页码 |
| --- | --- | --- |
| 情境一　常见不公平合同格式条款 | | 16 |
| 情境二　买卖法律纠纷案例 | | 38 |
| 情境三　仓储法律纠纷案例 | | 57 |
| 情境四　装卸法律纠纷案例 | | 72 |
| 情境五　加工法律纠纷案例 | | 98 |
| 情境六　包装法律纠纷案例 | | 116 |
| 情境七　运输法律纠纷案例 | | 159 |

# 目 录
## Contents

前言

二维码索引

### 情境一　认知物流法律法规
子情境一　认识物流法律制度 / 2

子情境二　认识物流法律关系与物流合同 / 7

闯关考验 / 15

### 情境二　依法开展物流采购活动
子情境一　分析采购法律问题 / 18

子情境二　分析国际货物买卖法律问题 / 23

子情境三　认识国际贸易术语 / 31

闯关考验 / 36

### 情境三　依法开展物流仓储活动
子情境一　认识仓储合同和仓单 / 40

子情境二　分析仓储法律问题 / 46

子情境三　分析保税货物仓储法律问题 / 51

闯关考验 / 55

### 情境四　依法开展货物装卸搬运活动
子情境一　分析港口装卸搬运作业法律问题 / 60

子情境二　分析集装箱码头装卸搬运作业法律问题 / 64

子情境三　分析铁路、公路装卸搬运作业法律问题 / 67

闯关考验 / 70

### 情境五　依法开展流通加工和配送活动
子情境一　分析流通加工法律问题 / 74

子情境二　分析物流配送法律问题 / 82

子情境三　分析快递服务法律问题 / 88

闯关考验 / 96

### 情境六　依法开展货物包装活动
子情境一　分析普通货物包装法律问题 / 100

子情境二　分析危险货物包装法律问题 / 107

子情境三　分析国际物流中的包装法律问题 / 110

闯关考验 / 114

### 情境七　依法开展货物运输活动
子情境一　认识货物运输合同 / 118

子情境二　分析海上货物运输法律问题 / 124

子情境三　分析水路货物运输法律问题 / 135

子情境四　分析铁路货物运输法律问题 / 138

子情境五　分析公路货物运输法律问题 / 143

子情境六　分析航空货物运输法律问题 / 147

子情境七　分析多式联运法律问题 / 151

闯关考验 / 157

**参考文献 / 160**

# 情境一
# 认知物流法律法规

## 篇首语

"无规矩不成方圆,有敬畏才知行止。"市场经济是法治经济,物流活动的开展同样也离不开法律的约束,法律制度深入物流活动的方方面面。党的二十大报告提出:"坚持全面依法治国,推进法治中国建设。""深入开展法治宣传教育,增强全民法治观念。推进多层次多领域依法治理,提升社会治理法治化水平。"在物流领域推进依法治理,用法律规范物流从业人员的行为,首先要培养物流从业人员的物流法律知识,提高物流从业人员的用法能力,树立物流从业人员的法律思维。学习物流法律法规,有助于了解物流活动涉及的法律知识,形成较为系统的物流法律制度体系,有助于依法开展物流活动,养成依法办事的行为习惯。

## 学习目标

**知识目标:**
- 掌握物流法律关系的概念和要素。
- 理解物流合同的概念、原则、内容和订立过程。
- 掌握违反物流合同应承担的违约责任及免责事由。

**能力目标:**
- 能分辨物流法律关系的构成要素。
- 能初步运用所学知识对物流合同进行案例分析。

**素质目标:**
- 学习物流法律制度的渊源,形成对我国物流法律制度体系的整体认识,树立制度自信意识。
- 学习物流合同的基本原则,养成规则意识。

物流法律法规

> 📋 **知识导图**

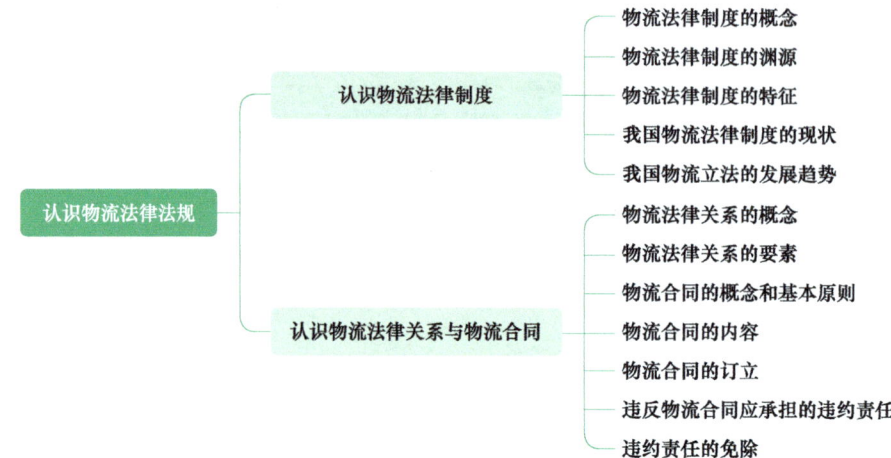

## 子情境一　认识物流法律制度

> ✓ **情境导入**

物流活动包括采购、运输、仓储、配送、流通加工、装卸搬运、信息处理等多个环节，是市场经济的重要组成部分。市场经济是法治经济，从事物流活动也离不开法律，规范物流活动的法律法规众多，形式多样。课上老师让同学们讨论：与物流有关的法律法规有哪些？A 同学说：《中华人民共和国宪法》。B 同学说：经济法。C 同学说：最近刚实施的《中华人民共和国民法典》。D 同学灵机一动说：老师，不就是咱们正在学习的物流法律法规吗？

问题：1. 你知道有哪些物流法律法规？
　　　2. 这些物流法律法规是一个层级吗？
　　　3. 这些物流法律法规有什么特征？

> 🔗 **知识学习**

### 一、物流法律制度的概念

物流法律制度是国家制定的调整在物流活动的过程中产生和涉及的社会关系的法律规范的总称。物流活动环节多、涉及面广，物流法律制度的调整对象是与物流活动相关的所有社会关系，这是物流法律制度区别于其他法律制度的标志。

### 二、物流法律制度的渊源

法的渊源，是指法的各种具体表现形式，即由不同国家机关依法制定或认可的具有不同法律效力的法的类别。法的渊源既涉及法律形式，又涉及法律效力的等级，其中，法律效力的等级更具有实际意义。

我国物流法律制度的渊源主要有：

### 1. 宪法

宪法具有最高的法律效力，在我国法的渊源中处于最高的法律地位。因此，一切法律、行政法规等规范性文件，都应当遵循宪法所确认的原则，不得与宪法的规定相抵触。宪法是对物流关系进行法律调整的基本依据。

### 2. 法律

在我国，法律是指由全国人民代表大会及其常务委员会依法制定的规范性法律文件的总称，其法律地位仅次于宪法。法律又分为基本法律和一般法律。在物流法的各种表现形式中，法律具有最重要的地位，如我国的《民法典》《中华人民共和国刑法》（以下简称《刑法》）《中华人民共和国公司法》（以下简称《公司法》）等。

### 3. 行政法规

行政法规是指由国务院根据宪法和法律制定的一种规范性文件，其法律地位和法律效力仅次于宪法和法律。目前，我国有关物流方面的行政法规有《中华人民共和国道路运输条例》（以下简称《道路运输条例》）、《国内水路运输管理条例》等。

### 4. 部门规章

部门规章是国务院所属的各部、委员会根据法律和行政法规制定的规范性文件。部门规章的主要形式是命令、指示、规定等，国家发展和改革委员会、工业和信息化部、交通运输部等部委所颁布的办法、规定等都包含涉及物流的内容，如《企业境外投资管理办法》《新能源汽车生产企业及产品准入管理规定》。

### 5. 地方性法规和地方政府规章

地方性法规是省、自治区、直辖市的人民代表大会及其常务委员会根据本行政区域的具体情况和实际需要，在不同宪法、法律、行政法规相抵触的前提下，制定的地方性规范性文件，如《江苏省道路交通安全条例》。设区的市的人民代表大会及其常务委员会根据本市的具体情况和实际需要，在不同宪法、法律、行政法规，以及本省、自治区的地方性法规相抵触的前提下，可以对城乡建设与管理、环境保护、历史文化保护等方面的事项制定地方性法规。地方性法规不得与宪法、法律、行政法规等规范性文件相抵触，它的法律效力低于法律和行政法规，它只在地方政府管辖范围内有效。

地方政府规章是省、自治区、直辖市，以及设区的市、自治州的人民政府，根据法律、行政法规，以及本省、自治区、直辖市的地方性法规制定的，如《广东省直通港澳道路运输管理办法》《无锡市工程运输安全管理办法》。地方政府规章不得与宪法、法律、行政法规相抵触，也不得与同级人民代表大会及其常务委员会制定的地方性法规相抵触。

### 6. 国际惯例

国际惯例是指在国际实践中反复使用形成的，具有固定内容的，未经立法程序制定的，为一国所承认或当事人采用的，具有法律约束力的不成文的行为规则。国际惯例作为物流法律制度的渊源，可以弥补我国国内立法、国际条约的不足，如在国际商事交易中普遍适用并被公认为国际惯例的《国际贸易术语解释通则》。在适用国际惯例时，不得违背中华人民共和国的国家利益和社会公共利益。

### 7. 国际条约

国际条约是两个或两个以上的国家关于政治、经济、文化、贸易、法律以及军事等方面规定其相互之间权利和义务的各种协议的总称。国际条约只有经过我国政府签署、批准或加入，才对我国具有法律约束力，才能成为我国物流法律制度的渊源，如《联合国国际货物销售合同公约》。

### 8. 技术标准

物流法的表现形式中还有一种比较特殊的是技术标准。技术标准可以分为国家标准和国际标准。国家标准是由国家质量技术监督管理部门组织制定、批准和颁布的，如《物流企业分类与评估指标》（GB/T 19680—2013）。国际标准是由国际组织制定的，本身没有强制力，一般均为推荐性标准。但是一些国际公约常常将一些国际标准作为公约的附件，从而使得这些国际标准对缔约国产生约束力。

> **职业提示**
>
> 宪法、法律、行政法规、部门规章、地方性法规和地方政府规章、国际条约、国际惯例、技术标准共同构成了我国物流法律制度体系，共同规范指导着物流活动的开展。由此我们应运用马克思主义哲学整体性和系统性的观点看待我国物流法律制度体系，不能片面地解释某一具体物流制度，要将其放到整个物流法律体系中来对待。此外，这些物流法律制度之间具有不同的法律效力和法律层级，高位阶的法律效力高于低位阶的法律，低位阶的法律不得与高位阶的法律相冲突。虽然我国尚没有制定专门的物流法律法规，但是我们依然对我国目前的物流法律制度充满自信。

## 三、物流法律制度的特征

### 1. 广泛性

物流法律制度的广泛性是指物流活动的各种要素、各个环节、各个方面均有相关的法律规范调整，而这些法律规范的法律渊源非常广泛，包括法律、行政法规、部门规章、地方性法规、地方政府规章、国际条约、国际惯例、技术标准。

物流活动包括物品从原材料地采购，经过生产环节的半成品、产成品，最后经过流通环节到达消费者手中的全过程，涉及采购、运输、仓储、装卸搬运、包装、流通加工、配送、信息处理等诸多环节。物流法律需要对所有这些环节中产生的社会关系进行调整，因此内容非常广泛。

### 2. 多样性

物流法律制度的多样性是指物流法律的渊源的多样性。物流活动的多样性决定了物流法律不可能仅限于某一效力层次，或某一种表现形式。法律有许多表现形式，有国家最高权力机关正式颁布的宪法和法律，有国家最高行政机关颁布的行政法规，有省、自治区、直辖市权力机关发布的地方性法规，有国务院各主管部门制定的规章、办法，有国际组织、团体制定的国际条约和国际惯例，还有相关的技术标准或技术法规等。不同的表现形式使物流法律法规表现出不同的效力层次，其中：法律具有最高效力；法规的效力其次；部门规章起到补充和帮助法律实施的作用；当物流活动在世界范围内进行时，会受到国际条约或国际惯例的制约；技术标准和技术法规，则根据不同的情况而在使用中具有不同的效力。

### 3．技术性

物流法律制度的技术性指调整物流活动的法律规范具有明显的技术含量，表现为物流法律规范中普遍使用的物流活动的专业术语、技术标准、设备标准和操作规程等。

物流活动由运输、仓储、装卸搬运等技术性较强的多个物流环节组成，整个物流活动过程都离不开现代信息技术，因此物流活动自始至终都体现出较高的技术含量。物流法律制度作为调整物流活动的法律规范，必然涉及物流活动的专业术语、技术标准等，因而具有技术性的特点。

### 4．国际性

经济全球化的趋势日益明显，各类经营者的生产经营活动也随之开始全面跨出国境，因而物流活动也需要在全球范围内开展，具有明显的国际性特征。与国际物流相适应，作为规范物流活动的法律制度也呈现出国际化的趋势，具体表现在一些领域出现了全世界通用的国际标准。

## 四、我国物流法律制度的现状

我国现行调整物流的法律制度散见于法律、法规、规章、国际条约、国际惯例及各种技术规范中，涉及贸易、运输、仓储、包装、配送、搬运、流通加工和信息管理等方面。它主要包括以下几个方面：

### （一）调整物流主体的法律制度

调整物流主体的法律规范众多，主要有《中华人民共和国公司法》《中华人民共和国个人独资企业法》《中华人民共和国合伙企业法》《中华人民共和国外商投资法》《中华人民共和国国际海运条例》等。

### （二）调整物流活动环节的法律制度

《民法典》是广泛适用于物流活动各个环节的最主要的法律。此外，还有许多适用于某一物流环节的法律规范。

#### 1．与供应物流、销售物流相关的法律制度

法律层面主要有《中华人民共和国民法典》（以下简称《民法典》）、《中华人民共和国产品质量法》（以下简称《产品质量法》）、《中华人民共和国对外贸易法》、《中华人民共和国进出口商品检验法》等。法规层面主要有《中华人民共和国货物进出口管理条例》《货物进口许可证管理办法》等。相关的国际条约主要有《联合国国际货物销售合同公约》。国际惯例主要有《国际贸易术语解释通则》《跟单信用证统一惯例》等。

#### 2．与运输相关的法律制度

根据运输方式的不同，将与运输相关的法律制度进行划分：

（1）涉及公路运输方面的法律制度主要有《中华人民共和国公路法》（以下简称《公路法》）、《道路危险货物运输管理规定》等。

（2）涉及铁路运输方面的法律制度主要有《中华人民共和国铁路法》（以下简称《铁路法》）、《铁路危险货物运输安全监督管理规定》《国际铁路货物联运协定》等。

（3）涉及水路运输方面的法律制度主要有《中华人民共和国海商法》（以下简称《海商法》）、《中华人民共和国国际海运条例》等。

（4）涉及航空运输方面的法律制度主要有《中华人民共和国民用航空法》（以下简称《民用航空法》）、《民用航空货物运输管理规定》等。

（5）涉及多式联运方面的法律制度主要有《国际集装箱多式联运国内段费收办法》。

### 3．与包装、仓储、流通加工相关的法律制度

涉及包装、仓储、流通加工方面的单独的法律、法规、公约等不多，主要以贸易、运输方面涉及的相关规定为基础。

（1）涉及物流活动中包装环节的法律制度。我国包装环节的法律制度在很大程度上体现在对包装标准的规定中，且标准包括国家标准、行业标准等。如我国首个绿色外卖国家标准《绿色外卖管理规范》（GB/T 43285—2023）、《包装回收标志》（GB/T 18455—2022），对推动绿色包装、规范包装回收等方面具有重要意义。此外，我国还有大量其他涉及包装的国家标准、行业标准等，共同构成了包装环节的法律制度体系。例如，在包装材料、包装容器、包装技术与方法等方面都有相应的标准规定。如《中华人民共和国固体废物污染环境防治法》，对包装废弃物的处理、回收利用等方面作出了原则性规定，以保护环境和资源。

（2）涉及物流活动中仓储环节的法律制度。主要是《民法典》中租赁合同、保管合同和仓储合同的有关规定。

（3）涉及物流活动中流通加工环节的法律制度。主要是《民法典》中承揽合同的有关规定。

### 4．与装卸搬运相关的法律制度

与装卸搬运相关的独立的法律规范较少，多是与运输、仓储等适用的相关法律、法规，如《民法典》《海商法》《铁路法》《国际海运危险货物规则》《民用航空法》等。此外，具有针对性的法规或公约有《铁路货物装卸安全技术规则》等。

## （三）调整物流活动争议的程序性法律制度

关于调整物流活动争议的程序性法律制度主要有《中华人民共和国民事诉讼法》（以下简称《民事诉讼法》）、《中华人民共和国海事诉讼特别程序法》和最高人民法院的相关司法解释等。

## 五、我国物流立法的发展趋势

### （一）整合现有物流法律制度

物流法律制度体系是由不同层次、不同类别的与物流相关的法律法规文件组成的统一整体，需要对各种物流法律法规进行清理、修改、补充和整合，以提高物流法律制度的层级效力和立法水平，增强其可操作性和透明度，疏通各单行法律制度之间的关系，形成一个层次分明、结构严谨的物流法律制度框架。

### （二）制定新的法律制度

（1）为避免跨部门物流法律法规体系内部出现重复和矛盾，需要确立物流运行共同遵循的原则，防止在物流产业内部以及中央、地方物流管理过程中产生分歧和冲突。

（2）加强地方物流立法。由于物流发展在各个地区之间存在较大差异，所以各地区应根据当地实际情况，制定符合本地区需要的物流法规，以便加快各地区物流业的发展，并为全国性的宏观物流法律的制定提供经验。

### （三）提高物流法律制度的系统性

在物流立法方面必须以系统化思想和现代物流管理理念为主导，建立高度系统化的物流法律制度。特别需要注意的是在建立我国的物流法律制度的同时，要注意与国际通行规则相衔接，以适应经济全球化的要求。

### 情境分析

我们已经学习了物流法律制度的相关知识，下面我们就用这些知识解决"情境导入"中的问题。

（1）物流相关法律法规包括《宪法》《民法典》《道路运输条例》《道路危险货物运输管理规定》《联合国国际货物销售合同公约》等。

（2）不是。《宪法》是国家根本大法，具有最高的法律地位；《民法典》地位次之；《道路运输条例》属于行政法规，其法律地位和法律效力仅次于宪法和法律；《道路危险货物运输管理规定》属于部门规章，其法律地位和法律效力低于行政法规。

（3）这些物流法律法规的特征有：广泛性、多样性、技术性、国际性。

## 子情境二　认识物流法律关系与物流合同

### 情境导入

2022年12月2日，A物流公司因业务需要，分别向甲、乙两家打印机销售公司发函："我司因业务需要，欲订购20台某品牌某型号打印机，贵公司若货源充足，望及时回电洽谈。"甲、乙两家公司分别于12月10日、13日回函："本公司货源充足，免费送货上门，愿与贵司订立合同。附打印机价目表一份。"乙公司回函后次日派人将20台打印机送往A物流公司。A物流公司在收到两家公司的复函后，比较了两家公司的报价，认为甲公司的价格更优惠合理，于是于12月15日给甲公司发函："接受贵公司的价格条件，请速送货。"12月16日甲公司收到发函组织送货。

问题：1. 案例中物流法律关系的要素分别是什么？
　　　2. 物流公司与甲公司之间是否订立了物流合同？为什么？
　　　3. 物流公司是否需要对乙公司承担违约责任？

### 知识学习

#### 一、物流法律关系的概念

法律关系是指法律规范在调整人们的行为过程中所形成的具有法律上权利义务形式的社会

关系。法律关系构成要素有三项，包括法律关系主体、法律关系内容和法律关系客体。物流法律关系是指物流法律规范在调整物流活动过程中所形成的权利义务关系。

### 二、物流法律关系的要素

物流法律关系必须有具体的主体参加，有具体的权利和义务的内容，有具体的权利和义务所指向的对象。这三者构成了具体的物流法律关系所不可或缺的三个要素，即物流法律关系的主体、内容和客体。

#### （一）物流法律关系的主体

物流法律关系的主体是指参加物流法律关系，依法享有权利和承担义务的人。在物流法律关系中，享有权利的一方称为权利人，承担义务的一方称为义务人。物流法律关系主体包括：

##### 1. 自然人

自然人是指基于自然规律出生的人。自然人包括本国公民、外国公民和无国籍人。自然人具有民事主体资格，可以作为物流法律关系的主体。现代物流涉及的领域较为广泛，自然人可以通过接受物流服务，成为物流法律关系的主体。由于物流活动是商事活动，法律对一些物流行业的主体资格有特殊规定，因此自然人成为物流服务活动的提供者要受到很大限制。

##### 2. 法人

法人是指依法成立的，具有民事权利能力和民事行为能力，依法独立享有民事权利和承担民事义务的组织。法人应当具备下列条件：

（1）依法成立；
（2）有必要的财产或者经费；
（3）有自己的名称、组织机构和场所；
（4）能够独立承担民事责任。

法人是物流法律规范所调整的特定社会关系主体的主要部分。随着国际物流、区域物流及国内物流活动的广泛开展，法人在物流法律关系中将占有越来越重要的地位。法人包括营利法人、非营利法人和特别法人。其中，营利法人是物流法律关系的最主要参与者，它通常指以公司或者其他形式的企业和经济组织形态出现的企业法人，例如综合性的物流企业、航运企业、无船承运人、货代企业、进出口公司等，而其他法人一般则是作为物流服务的需求方出现在物流活动中的。

##### 3. 非法人组织

非法人组织是不具有法人资格，但能够依法以自己的名义从事民事活动的组织。非法人组织包括个人独资企业、合伙企业、不具有法人资格的专业服务机构等。非法人组织必须符合相应的规定，取得一定的经营资质，才能从事物流业务。

#### （二）物流法律关系的内容

物流法律关系的内容是指物流法律关系主体在物流活动中享有的权利和承担的义务。物流法律关系主体的权利是指权利主体在物流活动中为实现某种利益而依法为某种行为或不为某种行为，以及要求义务主体为某种行为或不为某种行为的可能性；物流法律关系主体的义务是指义务主体在物流活动中依照法律规定或合同约定为满足权利人的利益而为一定行为或不为一定行为的必要性。例如，运输合同中承运人的承担运输义务享有收取运费的权利，托运人承担支付运费的义务享受获得运输服务的权利。

### （三）物流法律关系的客体

物流法律关系的客体是指物流法律关系的主体享有的权利和承担的义务所共同指向的对象。物流法律关系的多样性决定了物流法律关系的广泛性，物流法律关系的客体包括物、智力成果和行为。例如，买卖合同中买卖双方交易的物品、运输合同中运输公司运送货物的行为等。

## 三、物流合同的概念和基本原则

物流合同是确定物流服务需求方与物流服务供给方之间权利和义务关系的最重要的法律形式，是物流业务实施过程中对照执行和解决物流业务纠纷的法律依据。

### （一）物流合同的概念

物流合同是指物流服务需求方与物流服务供给方订立的，约定由物流服务供给方为物流服务需求方完成一定的物流行为，由物流服务需求方向物流服务供给方支付报酬的合同。物流合同是一种双务、有偿合同。物流合同符合《民法典》中关于合同的定义，受《民法典》调整，但《民法典》并没有直接规定物流合同，所以物流合同属于无名合同。物流合同在适用《民法典》第三编合同第一分编通则的基础上，双方当事人的权利义务主要由双方约定。

### （二）物流合同的基本原则

物流合同的基本原则是指贯穿于物流合同法律制度的总的指导思想和根本法律原则，是物流合同当事人在物流活动中应当遵守的基本准则。

#### 1．平等原则

平等原则是指物流合同主体具有平等的法律地位，其权利受法律平等地保护，一方不得将自己的意志强加给另一方。平等原则不仅要求在订立合同时双方主体法律地位平等，在履行合同过程中和承担合同责任时的法律地位也是平等的。

#### 2．自愿原则

自愿原则是指物流合同主体按照自己的意思设立、变更、终止物流法律关系，任何单位和个人不得非法干预。自愿原则贯穿物流合同活动的全过程，物流合同主体可以自愿决定是否与他人订立合同，在不违反法律的前提下自愿约定合同内容，可以协议解除合同，也可以协商选择解决争议的方式。

#### 3．公平原则

公平原则是指物流合同主体在物流合同的订立和履行过程中要以公平观念来调整相互之间的利益关系，公平地确定各方的权利义务。公平观念是以利益是否均衡为标准来确定主体之间的利益关系的。任何一方不得在合同中规定显失公平的内容，以取得不正当的利益。

#### 4. 诚实信用原则

诚实信用原则是指物流合同主体订立和履行物流合同时应当遵循诚信原则，秉持诚实，恪守承诺，善意行使权利和正当履行义务，在不损害他人利益和社会利益的前提下追求自身的利益。诚实信用原则要求合同主体在订立合同时要诚实、善良，不得有欺诈行为，不得假借订立合同恶意进行磋商或有其他违背诚实信用的行为；在履行合同及合同终止时，要恪守诺言、讲究信用，依据法律规定或合同约定承担给付义务和相关附随义务。

#### 5. 公序良俗原则

公序良俗原则是指物流合同主体订立和履行物流合同不得违反法律，不得违背公共秩序和善良风俗。物流合同主体订立和履行物流合同必须遵守法律、行政法规，尊重社会公德，不得扰乱经济秩序，不得违背公序良俗。

#### 6. 节约资源、保护生态环境原则

节约资源、保护生态环境原则，又叫绿色原则，是指物流合同主体从事物流活动，应当有利于节约资源、保护生态环境，这对解决我国面临日益严重的资源短缺和环境污染问题具有重要意义。

> **职业提示**
>
> 无规矩不成方圆。从事物流活动、签订物流合同要严格遵守物流合同的基本原则，在日常生活、工作和学习中，我们也应该做到平等待人、公平交易、诚实不欺、遵守公序良俗、不强人所难、保护环境，坚守社会主义核心价值观。

### 四、物流合同的内容

物流合同的内容是指合同中经物流服务需求方与物流服务供给方协商一致，规定双方当事人权利义务的具体条款。物流合同的条款分为一般条款和格式条款。

#### （一）一般条款

物流合同的一般条款包括以下内容：
（1）当事人的名称和住所。
（2）物流服务的范围和内容。
（3）合同当事人应提供的条件，如设施设备、场地、人员、安全保障体系、信息系统等。
（4）服务期限。
（5）服务履行方式。
（6）服务费用及结算方式。
（7）违约责任。
（8）争议解决方式。

#### （二）格式条款

《民法典》第496条规定："格式条款是当事人为了重复使用而预先拟定，并在订立合同时未与对方协商的条款。"根据格式条款订立的合同一般称为格式合同。格式合同存在于许多

领域，如金融、保险、邮政、运输等，这些领域存在大量重复性的交易活动，为了简化订立合同的程序，形成了格式合同。

采用格式条款订立合同的，提供格式条款的一方应当遵循公平原则确定当事人之间的权利和义务，并采取合理的方式提示对方注意免除或者减轻其责任等与对方有重大利害关系的条款，按照对方的要求，对该条款予以说明。提供格式条款的一方未履行提示或者说明义务，致使对方没有注意或者理解与其有重大利害关系的条款的，对方可以主张该条款不成为合同的内容。

对格式条款的理解发生争议的，应当按照通常理解予以解释。对格式条款有两种以上解释的，应当做出不利于提供格式条款一方的解释。格式条款和非格式条款不一致的，应当采用非格式条款。

> **知识链接** 格式条款无效的情形
>
> 《民法典》第497条规定，有下列情形之一的，该格式条款无效：
> （1）具有本法第一编第六章第三节和本法第五百零六条规定的无效情形；
> （2）提供格式条款一方不合理地免除或者减轻其责任、加重对方责任、限制对方主要权利；
> （3）提供格式条款一方排除对方主要权利。

### 五、物流合同的订立

物流合同的订立要经过要约和承诺两个阶段。

#### （一）要约

**1. 要约的定义**

要约是希望与他人订立合同的意思表示，是一方向另一方提出签订合同的请求。

**2. 要约生效的条件**

（1）内容具体确定。

要约人发出要约的目的是订立合同，要求要约人将自己的订约意图具体明确地表达出来，因此要约应当包括将要订立的合同的主要条款。

（2）表明经受要约人承诺，要约人即受该意思表示约束。

实践中物流服务需求方和供给方均可以作为要约人向对方发出要约，表示想要与对方订立物流合同的意愿。

> **知识链接** 要约邀请
>
> 《民法典》第473条规定："要约邀请是希望他人向自己发出要约的表示。拍卖公告、招标公告、招股说明书、债券募集办法、基金招募说明书、商业广告和宣传、寄送的价目表等为要约邀请。
> 商业广告和宣传的内容符合要约条件的，构成要约。"

### 3. 要约的法律效力

要约到达受要约人时生效。以对话方式发出的要约，相对人知道其内容时生效。以非对话方式发出的要约，到达相对人时生效。以非对话方式发出的采用数据电文形式的要约，相对人指定特定系统接收数据电文的，该数据电文进入该特定系统时生效；未指定特定系统的，相对人知道或者应当知道该数据电文进入其系统时生效。当事人对采用数据电文形式的要约的生效时间另有约定的，按照其约定。

### 4. 要约的撤回和撤销

（1）要约的撤回。

要约的撤回是指要约人发出要约后在要约生效前所做出的收回要约的意思表示。要约可以撤回，原因在于此时要约尚未发生法律效力，撤回要约不会对受要约人产生任何影响，也不影响交易秩序，撤回要约的通知应当在要约到达受要约人之前或与要约同时到达受要约人。

（2）要约的撤销。

要约的撤销是指要约人在要约生效后、受要约人承诺前，将该项要约取消，使其失去法律效力的意思表示。由于撤销要约可能会给受要约人带来不利后果，损害受要约人的利益，因此，撤销要约受到严格限制，即撤销要约的通知应当在受要约人发出承诺通知之前到达受要约人。

> **知识链接** 要约不得撤销的情形
>
> 《民法典》第476条规定，要约可以撤销，但是有下列情形之一的除外：
> （1）要约人以确定承诺期限或者其他形式明示要约不可撤销；
> （2）受要约人有理由认为要约是不可撤销的，并已经为履行合同做了合理准备工作。

### 5. 要约的失效

要约的失效是指要约人发出要约后，因为特定事件的发生，要约失去法律效力。导致要约失效的情形有：

（1）要约被拒绝；

（2）要约被依法撤销；

（3）承诺期限届满，受要约人未做出承诺；

（4）受要约人对要约的内容做出实质性变更。

## （二）承诺

### 1. 承诺的定义

承诺是受要约人同意要约的意思表示。承诺生效时合同成立。

### 2. 承诺生效的条件

（1）承诺必须由受要约人或其代理人向要约人或其代理人做出。

（2）承诺的内容必须与要约的内容一致。当承诺的内容与要约的内容不一致时，即受要约人对要约的内容作出了改变，此时产生了不同的法律后果：

① 受要约人对要约的内容做出实质性变更的，为新要约。有关合同标的、数量、质量、价款或者报酬、履行期限、履行地点和方式、违约责任和解决争议方法等的变更，是对要约内

容的实质性变更。

② 受要约人对要约的内容做出非实质性变更的，除要约人及时表示反对或者要约表明承诺不得对要约的内容做出任何变更外，该承诺有效，合同的内容以承诺的内容为准。

（3）承诺必须在规定的期限内做出。若要约规定了承诺期限，则受要约人应在规定的期限内做出承诺。若要约没有规定承诺期限，受要约人要分情况处理：要约以对话方式做出的，受要约人应当即时做出承诺；要约以非对话方式做出的，承诺应当在合理期限内到达要约人。

> **知识链接** 如何计算承诺期限
>
> 　　承诺期限的计算，如果要约以信件或电报做出的，承诺期限自信件载明的日期或者电报交发之日开始计算。信件未载明日期的，自投寄该信件的邮戳日期开始计算。要约以电话、传真、电子邮件等快速通信方式做出的，承诺期限自要约到达受要约人时开始计算。

### 3．承诺的方式

承诺的方式是指受要约人将其承诺的意思表示传达给要约人所采用的方式，包括两种：

（1）明示方式。

受要约人可以采用书面形式或口头形式将接受要约的意思表示通知要约人。

（2）默示方式。

受要约人通过实施一定的行为表示承诺，包括两种情形：一是受要约人根据交易习惯做出履行行为；二是要约表明可以通过行为做出承诺。

### 4．承诺生效的时间

承诺通知到达要约人时生效，承诺生效意味着合同成立。以通知方式做出的承诺，承诺通知到达要约人时生效；承诺不需要通知的，根据交易习惯或者要约的要求做出承诺的行为时生效。

## 六、违反物流合同应承担的违约责任

违约责任，又称违反合同的民事责任，指合同当事人违反合同义务或者履行义务时，依照法律规定或者合同约定所应承担的法律责任。《民法典》合同编规定，当事人一方明确表示或以自己的行为表明不履行合同义务的，对方可以在履行期限届满前请求其承担违约责任。当事人一方不履行合同义务或者履行合同义务不符合约定的，应当承担继续履行、采取补救措施或者赔偿损失等违约责任。

### 1．继续履行

继续履行又称实际履行，是指当事人一方不履行合同义务或履行合同义务不符合约定时，另一方当事人可以要求其在合同履行期届满后，继续按照原合同的约定履行义务。在可以履行的条件下，违反合同的当事人无论是否已经承担赔偿金或违约金责任，对方当事人都有权要求违约方继续按照合同约定履行其尚未履行的义务。

### 2．采取补救措施

采取补救措施，是指当事人一方履行合同义务不符合约定后，对违约情形进行补救的一种行为。质量不符合约定的，应当按照当事人的约定承担违约责任。对违约责任没有约定或约定不明确，依照《民法典》第510条的规定仍不能确定的，受损害方根据标的的性质以及损失的大小，可以合理选择请求对方承担修理、重作、更换、退货、减少价款或者报酬等违约责任。

### 3．赔偿损失

赔偿损失是指因合同一方当事人的违约行为而给对方当事人造成财产损失时，违约方给予对方的经济补偿。当事人违约，在继续履行义务或者采取补救措施后，对方还有其他损失的，应当赔偿损失。

### 4．支付违约金

违约金，是指当事人在合同中预先约定的在一方违约时根据违约情况向对方支付的一定数额的金钱。当事人既可以约定违约金的数额，也可以约定因违约产生的损失赔偿额的计算方法。

当约定的违约金低于造成的损失时，当事人可以请求人民法院或仲裁机构予以增加；约定的违约金过分高于造成的损失时，人民法院或仲裁机构可以根据当事人的请求予以适当减少。

### 5．定金罚则

定金具有双重功能。一方面，定金由债务人向债权人预先支付，债务人履行债务后，定金应当抵作价款或收回，这表明定金是一种担保方式，起到保证债务履行的作用。另一方面，给付定金的一方不履行约定的债务的，无权要求返还定金；收受定金的一方不履行约定的债务的，应当双倍返还定金，这表明定金是一种违约责任的承担方式。

当事人在订立合同时，既可以约定定金，也可以约定违约金，一方违约时，对方可以选择适用定金条款或违约金条款，即二者不能同时适用。定金不足以弥补一方违约造成的损失的，对方可以请求赔偿超过定金数额的损失。

## 七、违约责任的免除

### （一）违约责任的免除的概念

违约责任的免除是指在合同履行过程中，出现法律规定或合同约定的免责事由，从而导致合同不能履行的，可以免除合同当事人的违约责任。在发生违反合同的事实后，免除违约方违约责任的事实和理由被称为免责事由。免责事由包括法定免责事由和约定免责事由。法定免责事由是指法律规定的免除责任的事由，主要是指不可抗力；约定免责事由是指当事人通过合同约定的免除责任的事由，主要是当事人约定的免责条款。

### （二）不可抗力

不可抗力是指当事人在订立合同时，对事件的发生和后果不能预见、不能避免且不能克服的状况。其包括：自然灾害，如火灾、地震等；政府行为，如政府征用、颁布新政策等；社会异常事件，如罢工、战争等。

### （三）免责条款

免责条款是指当事人在合同中约定的排除或限制其未来民事责任的合同条款。免责条款具有如下法律性质：

（1）免责条款已被订入合同中，成为合同的一部分。

（2）免责条款以排除或限制当事人未来的民事责任为目的。

（3）免责条款多数属于格式条款。

合同中的下列免责条款无效：一是造成对方人身伤害的；二是因故意或重大过失造成对方财产损失的。

### 情境分析

我们已经学习了物流法律关系与物流合同的相关知识，下面我们就用这些知识解决"情境导入"中的问题。

（1）案例中物流法律关系的主体是 A 物流公司和甲公司；物流法律关系的客体是 20 台打印机；物流法律关系的内容是 A 物流公司支付打印机货款的义务和收取打印机的权利，甲公司交付打印机的义务和收取打印机货款的权利。

（2）物流公司与甲公司订立了物流合同。2022 年 12 月 2 日 A 物流公司先向甲公司发出要约邀请，甲公司于 12 月 10 日向 A 物流公司发出要约，12 月 15 日 A 物流公司向甲公司发出承诺，12 月 16 日甲公司收到承诺，合同成立。

（3）物流公司不需要对乙公司承担违约责任。因为两者之间的合同不成立。

## 闯关考验

### 一、单项选择题

1. 下列法律制度中，效力等级最高的是（    ）。
   A. 《宪法》              B. 《民法典》
   C. 《民事诉讼法》         D. 《包装回收标志》
2. 在物流法律制度的渊源中，《民事诉讼法》属于（    ）。
   A. 法律         B. 行政法规       C. 部门规章       D. 技术标准
3. 甲公司向乙公司采购一批电脑，双方订立采购合同，该采购法律关系中的电脑属于（    ）。
   A. 内容         B. 行为           C. 智力成果       D. 物
4. 甲物流公司与乙销售公司签订运输合同，由甲物流公司为乙销售公司托运一批货物。该运输法律关系中的客体是（    ）。
   A. 货物                       B. 乙销售公司
   C. 乙销售公司的产品            D. 运输服务
5. 给付定金的一方不履行约定的债务的，无权要求返还定金；收受定金的一方不履行约定的债务的，应当（    ）返还定金。
   A. 照原金额     B. 三倍           C. 四倍           D. 双倍

### 二、多项选择题

1. 下列属于物流法律制度特征的是（    ）。
   A. 多样性       B. 国际性         C. 技术性         D. 新颖性

2. 法律关系的构成要素包括（　　）。
   A. 主体　　　　B. 内容　　　　C. 客体　　　　D. 行为
3. 物流合同的基本原则包括（　　）。
   A. 公平原则　　　　　　　　B. 自愿原则
   C. 绿色原则　　　　　　　　D. 诚实信用原则
4. 下列（　　）情况下，要约失效。
   A. 要约被拒绝
   B. 要约被依法撤销
   C. 承诺期限届满，受要约人未作出承诺
   D. 受要约人对要约的内容作出实质性变更
5. 下列（　　）属于受要约人对要约内容作出实质性变更。
   A. 对合同标的数量的变更
   B. 对合同价款或者报酬的变更
   C. 对合同履行期限、履行地点和方式的变更
   D. 对违约责任和解决争议方法的变更

### 三、简述题

1. 简述物流法律制度的渊源。
2. 简述格式条款的运用。
3. 简述违反物流合同应承担的违约责任。
4. 简述违约责任的免除。

### 四、技能训练

2022年2月，甲公司与乙公司签订了一份设备买卖合同，甲公司为买方，乙公司为卖方。双方约定：由乙公司于7月1日前分两批向甲公司提供设备10套，总价款100万元；甲公司向乙公司支付定金20万元；如一方迟延履行，应向对方支付违约金15万元。2022年6月1日，乙公司向甲公司交付了5套设备，甲公司支付了50万元设备款。2022年6月底，该种类设备价格大涨，乙公司遂拒绝继续供货，在甲公司多次催促后，乙公司于7月底派车发运货物，恰巧乙公司所在地发生地震导致道路中断无法运输，乙公司将这一情况及时通知了甲公司。此时甲公司因设备不足严重影响其正常生产，因此遭受经济损失50万元。于是甲公司诉至法院，要求乙公司增加违约金数额并继续履行合同。

将同学按4～6人一组进行分组，每组派一人专门记录，然后完成以下实训。

（一）案例分析
1. 甲公司要求增加违约金数额，能否成立？说明理由。
2. 乙公司能否以不可抗力主张免责？说明理由。
3. 甲公司要求乙公司继续履行合同，能否成立？说明理由。

（二）实践提升

以小组为单位模拟表演甲、乙公司磋商订立合同的过程，其他同学运用要约、要约邀请、承诺的知识判断甲、乙公司的订约过程。

常见不公平合同
格式条款

# 情境二
# 依法开展物流采购活动

## 篇首语

　　采购是从资源市场获取资源的过程，是物流活动的起点。《中华人民共和国国民经济和社会发展第十四个五年规划和 2035 年远景目标纲要》（以下简称《纲要》）提出："聚焦增强全产业链优势，提高现代物流、采购分销、生产控制、运营管理、售后服务等发展水平。"提高采购分销发展水平离不开法律的规范指引，法律不仅规范采购双方的权利义务，更规范采购活动的全过程，为经济主体开展采购活动提供了法律保障。此外，《纲要》还提出："推动与共建'一带一路'国家贸易投资合作优化升级，积极发展丝路电商。深化国际产能合作，拓展第三方市场合作，构筑互利共赢的产业链供应链合作体系，扩大双向贸易和投资。"我国有着历史悠久的海外贸易历史，国际贸易的顺利开展同样离不开法律的约束。《联合国国际货物销售合同公约》界定了处于不同国家的经济主体买卖特定货物的权利义务、所有权和风险转移，为国际贸易的发展提供了制度依据。

## 学习目标

知识目标：
- 掌握买卖合同当事人的义务、标的物所有权转移和风险负担。
- 掌握国际货物买卖合同当事人的义务、货物风险的转移。
- 理解《国际贸易术语解释通则 2020》的适用范围和六种贸易术语的应用。

能力目标：
- 能够分析买卖合同法律问题。
- 能够分析国际货物买卖合同法律问题。
- 能够正确运用六种常用贸易术语分析问题。

素质目标：
- 通过学习《联合国国际货物销售合同公约》，树立平等互利意识及国家利益观念。
- 通过对不同贸易术语的学习，养成风险意识。

## 知识导图

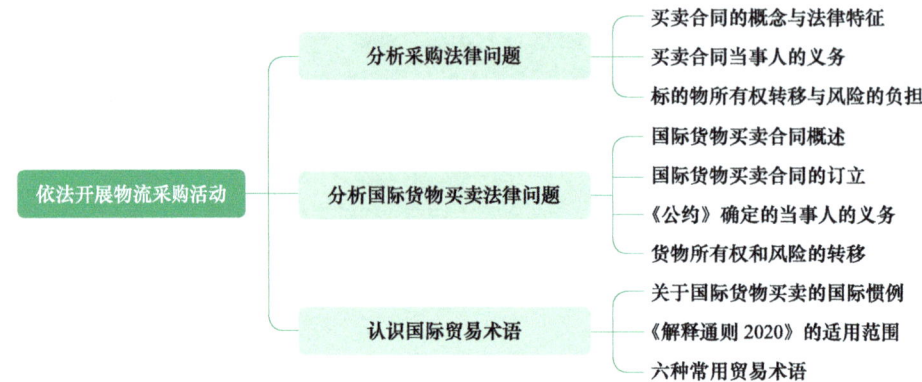

# 子情境一　分析采购法律问题

## 情境导入

2022年2月，甲公司与乙公司签订了一份采购合同，由甲公司向乙公司出售新鲜樱桃1吨，价值2万元。合同规定乙公司必须在当年5月10日至20日之间派冷藏集装箱车到产地接运货物，并于验货后7日内向甲公司付款。合同签订后乙公司因运输工具有限，于5月初与丙公司签订运输合同，由丙公司负责乙公司所购樱桃运输。乙公司验货后5日内向丙公司支付运费，任何一方违约，按违约金额的5%向对方支付违约金。之后，乙公司将与丙公司协商运输的事宜通知了甲公司。丙公司按照运输合同约定的地点及期限，将该批樱桃运至乙公司。乙公司经检验发现该批樱桃大量变质，于是拒绝向甲公司支付货款。后查明樱桃变质的原因是由于运输车辆制冷系统故障，导致车内温度升高。

问题：1. 甲公司与乙公司的合同有哪些法律特征？
　　　2. 甲公司与乙公司各有什么义务？
　　　3. 樱桃变质造成乙公司损失如何解决？

## 知识学习

### 一、买卖合同的概念与法律特征

#### （一）买卖合同的概念

买卖合同是出卖人转移标的物的所有权于买受人，买受人支付价款的合同。其中，交付货物并移转所有权的一方为出卖人，即卖方；受领货物并支付价款的一方为买受人，即买方。

#### （二）买卖合同的法律特征

##### 1. 买卖合同是有偿合同

买卖合同是以等价有偿的方式转让货物的财产所有权。出卖人须转移货物所有权于买受人。买受人须向出卖人支付价款。

**2. 买卖合同是双务合同**

买卖合同的双方当事人既享有权利又承担义务，且双方的权利义务是对等的。

**3. 买卖合同是诺成合同**

买卖合同的双方当事人就买卖合同的主要条款达成一致时，买卖合同即告成立，不必交付货物。

**4. 买卖合同一般为不要式合同**

合同的形式可以是书面形式、口头形式和其他形式。法律、行政法规规定采用书面形式的，以及当事人约定采用书面形式的，应当采用书面形式。

## 二、买卖合同当事人的义务

### （一）出卖人的义务

**1. 交付标的物**

出卖人的主要义务是交付标的物。出卖人应当按照合同约定的期限、地点、方式、数量、质量等将标的物交付给买受人。

（1）出卖人应当按照约定的时间交付标的物。

合同约定交付期间的，出卖人可以在该交付期间内的任何时间交付，但应当在交付前通知买受人。合同生效后当事人就履行时间没有约定或约定不明确的，可以协议补充；不能达成补充协议的，按照合同相关条款或者交易习惯确定。如果仍不能确定的，《民法典》规定："履行期限不明确的，债务人可以随时履行，债权人也可以随时请求履行，但是应当给对方必要的准备时间。"

（2）出卖人应当按照约定的地点交付标的物。

出卖人未约定交付地点或约定不明确的，依据《民法典》第510条规定仍不能确定的，适用下列规则：①标的物需要运输的，出卖人应将标的物交付给第一承运人以运交给买受人。②标的物不需要运输，出卖人和买受人订立合同时知道标的物在某一地点的，出卖人应当在该地点交付标的物；不知道标的物在某一地点的，应当在出卖人订立合同时的营业地交付标的物。

> **知识链接** 《民法典》第510条
>
> 合同生效后，当事人就质量、价款或报酬、履行地点等内容没有约定或约定不明确的，可以协议补充；不能达成补充协议的，按照合同相关条款或交易习惯确定。

（3）出卖人应当按照约定的质量标准交付标的物。

出卖人提供有关标的物质量说明的，交付的标的物应当符合该说明的质量要求。当事人对标的物的质量要求没有约定或约定不明确的，依据《民法典》第510条的规定仍不能确定的，适用以下规定："质量要求不明确的，按照强制性国家标准履行；没有强制性国家标准的，按照推荐性国家标准履行；没有推荐性国家标准的，按照行业标准履行；没有国家标准、行业标准的，按照通常标准或者符合合同目的的特定标准履行。"

（4）出卖人应当按照约定的数量交付标的物。

在出卖人少交的情况下，如果买受人仍需要，出卖人应如数补交，并承担迟延部分的违约责任；如果买受人不需要，出卖人应承担违约责任。在出卖人多交的情况下，如果买受人不需要，可以拒绝支付多交货物部分的价款，但应妥善保管并通知出卖人，因保管而支出的必要费用由出卖人承担。

（5）出卖人应按照约定的包装方式交付标的物。

对包装方式有约定的应依约定。没有约定或约定不明确的，根据《民法典》第510条规定仍不能确定的，应当按照通用的方式包装；没有通用方式的，应当采取足以保护标的物且有利于节约资源、保护生态环境的方式包装。

### 2. 交付标的物的有关单证和资料

提取标的物的单证，如提单、仓单等，是对标的物占有权利的体现。出卖人应当履行向买受人交付标的物或交付提取标的物的单证，并转移标的物所有权的义务。

除标的物的仓单、提单等用于提取标的物的单证外，现实生活中关于买卖的标的物，尤其是国际贸易中的货物，还有其他单证和资料，比如商业发票、产品合格证、质量保证书、使用说明书、产品检疫书、产地证明、保修单、装箱单等。对于这些单证和资料，如果买卖合同中明确约定了卖方交付的义务或者是按照交易的习惯卖方应当交付，卖方就有义务在履行交付标的物的义务以外，向买方交付这些单证和资料。

### 3. 转移标的物的所有权

取得标的物的所有权是买受人的交易目的，因此，出卖人出卖的标的物应当属于出卖人所有或者出卖人有权处分的财产。买卖合同标的物的所有权自标的物交付时起转移，当事人也可以约定标的物所有权的转移。将标的物的所有权转移给买受人，是出卖人的一项主要义务。

### 4. 瑕疵担保义务

出卖人将买卖合同标的物的所有权转移给买受人，并应当就标的物的瑕疵承担担保义务。瑕疵担保义务包括：标的物的品质瑕疵担保义务和权利瑕疵担保义务。

（1）品质瑕疵担保义务是指出卖人应当保证所交付的标的物符合合同约定或法律规定的品质，如果出卖人交付的标的物质量不符合约定或法定的品质，出卖人应当承担责任。

（2）权利瑕疵担保义务是指出卖人应就交付的标的物负有的，保证第三人不得向买受人主张任何权利的义务。因出卖人未取得处分权致使标的物所有权不能转移的，买受人可以解除合同并请求出卖人承担违约责任。法律、行政法规禁止或者限制转让的标的物，依照其规定。

## （二）买受人的义务

### 1. 支付货款

买受人应按照合同约定的数额、地点、时间、方式履行付款义务，这是买受人的主要义务。

（1）买受人应当按照约定的数额和支付方式支付货款。对货款的数额和支付方式没有约定或约定不明确的，当事人可以协议补充；不能达成补充协议的，按照合同相关条款或交易习惯确定。当事人就有关合同内容约定不明确，依据以上规定仍不能确定的，适用《民法典》第511条规定。

> **知识链接** 《民法典》第 511 条
>
> 当事人就有关合同内容约定不明确，依据前条规定仍不能确定的，适用下列规定：
>
> （一）质量要求不明确的，按照强制性国家标准履行；没有强制性国家标准的，按照推荐性国家标准履行；没有推荐性国家标准的，按照行业标准履行；没有国家标准、行业标准的，按照通常标准或者符合合同目的的特定标准履行。
>
> （二）价款或者报酬不明确的，按照订立合同时履行地的市场价格履行；依法应当执行政府定价或者政府指导价的，依照规定履行。
>
> （三）履行地点不明确，给付货币的，在接受货币一方所在地履行；交付不动产的，在不动产所在地履行；其他标的，在履行义务一方所在地履行。
>
> （四）履行期限不明确的，债务人可以随时履行，债权人也可以随时请求履行，但是应当给对方必要的准备时间。
>
> （五）履行方式不明确的，按照有利于实现合同目的的方式履行。
>
> （六）履行费用的负担不明确的，由履行义务一方负担；因债权人原因增加的履行费用，由债权人负担。

（2）买受人应当按照约定的时间支付货款。对支付时间没有约定或者约定不明确的，根据《民法典》第510条的规定仍不能确定的，买受人应当在收到标的物或者提取标的物单证的同时支付。

（3）买受人应当按照约定的地点支付货款。没有约定支付地点或者约定不明确的，根据《民法典》第510条的规定仍不能确定的，买受人应当在出卖人的营业地支付。但是，约定支付价款以交付标的物或者交付提取标的物单证为条件的，在交付标的物或者交付提取标的物单证的所在地支付。

### 2. 检验义务

对货物的检验既是买受人的权利，也是买受人的义务。买受人收到标的物时，应当在约定的检验期间内检验。没有约定检验期间的，应当及时检验。当事人约定检验期间的，买方应当在约定期间内将标的物的数量或质量不符合约定的情形通知卖方，买受人怠于通知的，视为标的物的数量或质量符合约定。当事人没有约定期间的，买受人应当在发现或者应当发现标的物数量或质量不符合约定的合理期间内通知出卖人。买受人在合理期间内未通知或者自标的物收到之日起2年内未通知出卖人的，视为标的物数量或质量符合约定。但对标的物有质量保证期的，适用质量保证期，不适用该2年的规定。

### 3. 及时受领标的物的义务

买受人应当按照约定及时受领标的物。因买受人的原因致使标的物未按照约定的期限交付的，买受人应当自违反约定时起承担标的物毁损、灭失的风险。

> **职业提示**
>
> 没有无义务的权利，也没有无权利的义务，权利义务相一致的理论告诉我们任何人不能只享受权利不履行义务，也不能只履行义务不享受权利。不论从事买卖活动还是其他社会活动，我们都应牢记权利义务相一致的理论，勇于承担法律赋予我们的义务，享受法律赋予我们的权利。

### 三、标的物所有权转移与风险的负担

#### 1. 标的物所有权的转移

买卖合同是转移标的物所有权的合同。我国法律原则上采用标的物交付时转移财产所有权，法律另有规定或当事人另有约定的除外。

#### 2. 风险的负担

标的物风险的转移以标的物的交付为原则，即标的物交付前的风险由出卖人承担，标的物交付后的风险由买受人承担。出卖人按照约定未交付有关标的物的单证和资料的，不影响标的物毁损、灭失风险的转移。标的物毁损、灭失的风险由买受人承担的，不影响因出卖人履行义务不符合约定，买受人请求其承担违约责任的权利。

（1）因买受人的原因导致标的物不能按照约定的期限交付的，买受人应当自违反该约定之日起承担标的物毁损、灭失的风险。

（2）出卖人出卖交由承运人运输的在途标的物，除当事人另有约定的以外，毁损、灭失的风险自合同成立时起由买受人承担。

（3）出卖人按照约定或依据法律规定的地点将标的物置于交付地点，买受人违反约定没有收取的，标的物毁损、灭失的风险自违反约定时起由买受人承担。

（4）出卖人按照约定将标的物运送至买受人指定地点并交付给承运人后，标的物毁损、灭失的风险由买受人承担。

（5）当事人没有约定交付地点或约定不明确的，依据法律规定，标的物需要运输的出卖人将标的物交付给第一承运人后，标的物毁损、灭失的风险由买受人承担。

（6）因标的物不符合质量要求，致使不能实现合同目的的，买受人可以拒绝接受标的物或解除合同。买受人拒绝接受标的物或解除合同的，标的物毁损、灭失的风险由出卖人承担。

### 情境分析

我们已经学习了采购法律问题的相关知识，下面我们就用这些知识解决"情境导入"中的问题。

（1）甲公司与乙公司之间签订了买卖合同，买卖合同的法律特征是：

①买卖合同是有偿合同。
②买卖合同是双务合同。
③买卖合同是诺成合同。
④买卖合同一般为不要式合同。

（2）甲公司的义务有：

①应当按照合同约定的期限、地点、方式、数量、质量等将标的物交付给买受人。
②交付标的物的有关单证和资料。
③转移标的物的所有权。
④瑕疵担保义务。

乙公司的义务有：
①应按照合同约定的数额、地点、时间、方式履行付款义务。

②检验义务。
③及时受领标的物的义务。

（3）标的物交付之前货损的风险由出卖人承担，标的物交付之后货损的风险由买受人承担。标的物需要运输的出卖人将标的物交付给第一承运人后，标的物毁损、灭失的风险由买受人承担。因此案例中樱桃变质的风险由乙公司承担。乙公司承担损失后可根据与丙公司之间的运输合同，要求丙公司承担违约责任。

## 子情境二　分析国际货物买卖法律问题

### 情境导入

我国的甲公司与美国的乙公司签订了一份国际货物买卖合同。合同约定，甲公司出售一批木材给乙公司，履行方式为：甲公司于7月将该批木材自吉林交铁路发运至大连，后由大连船运至美国纽约，乙公司支付相应对价。但7月甲公司没有履行合同。8月3日，乙公司通知甲公司，该批木材最迟应在8月20日之前发运。8月10日，甲公司依约将该批木材交铁路运至大连，但该批木材在自大连至纽约的运输途中因海难损失80%。由于双方对货物灭失的风险约定遂发生争执。乙公司认为，甲公司未于7月履行合同违约在先，因此自己不应承担损害赔偿责任；同时还认为，合同因甲公司未按时履行义务已终止，故货物损失的风险理应由甲公司承担。

问题：1. 乙公司是否有权要求甲公司承担损害赔偿责任？为什么？
2. 乙公司认为本案合同因甲公司违约已经终止的观点是否正确？为什么？
3. 本案中，货物损失的风险应由谁承担？为什么？

### 知识学习

有关货物买卖的国际公约主要有三个：由国际统一私法协会制定、于1964年在海牙会议上通过的《国际货物买卖统一法公约》《国际货物买卖合同成立统一法公约》以及1980年在维也纳通过的《联合国国际货物销售合同公约》（以下简称《公约》）。

### 一、国际货物买卖合同概述

#### （一）国际货物买卖合同的概念

按照《公约》规定，国际货物买卖合同是指处于不同国家的当事人所订立的货物买卖合同。《公约》在这里采用的是以是否分别处于不同的国家作为衡量国际合同的标准，至于双方当事人的国籍及其他因素，均不予考虑。按照《公约》的标准，只要买卖双方当事人的营业地点处于不同的国家，即使他们的国籍相同，他们所订立的货物买卖合同仍认为是国际货物买卖合同，属于《公约》的适用范围；反之，如果买卖双方的营业地点是处在同一个国家之内，即使他们的国籍不相同，他们所订立的买卖合同也不能认为是国际货物买卖合同，不在《公约》的适用范围之内。

## （二）《公约》对货物的界定

《公约》未明确规定"货物"的定义，而是采用排除法规定了不适用《公约》的货物买卖：

（1）购供私人、家人或家庭使用的货物的销售，除非卖方在订立合同前任何时候或订立合同时不知道而且没有理由知道这些货物购供任何这种使用；

（2）经由拍卖的销售；

（3）根据法律执行令状或其他令状的销售；

（4）公债、股票、投资证券、流通票据或货币的销售；

（5）船舶、船只、气垫船或飞机的销售；

（6）电力的销售。

> **知识链接**
>
> 《联合国国际货物销售合同公约》是联合国国际贸易法委员会在1964年两个海牙公约，即《国际货物买卖统一法公约》和《国际货物买卖合同成立统一法公约》的基础上制定的。自1988年1月1日起，《公约》对包括我国在内的11个成员方生效。除序言外，《公约》共分四部分，101条。第一部分共13条，对公约的适用范围和总则做出规定；第二部分共11条，规定合同订立程序和规则；第三部分共64条，就货物买卖的一般规则、买卖双方的权利义务、风险的转移等做出规定；第四部分是最后条款，对公约的保管、签字、加入、保留、生效、退出等做出规定。

## 二、国际货物买卖合同的订立

### （一）要约（Offer）

#### 1. 要约的含义

《公约》第14条规定，凡向一个或一个以上特定的人提出的订立合同的建议，如果其内容十分确定，并且表明要约人有当其要约一旦被接受就将受其约束的意思，即构成要约。按照这项规定，要约应符合以下要求：

（1）要约应向一个或一个以上的特定人提出。

要约是要约人向受要约人发出的。因此，这里所谓特定的人是指受要约人须是特定人，即要约人在要约时必须指明收受该项要约的公司、企业或个人的名称或姓名。这项规定的目的是把刊载普通商业广告或向广大公众散发商品目录、价目表等行为与要约区别开来。前者是向广大公众发出的，而不是向某一个或某几个特定的人发出的，其对象是广大公众，而不是特定的人。按照许多国家的法律，普通的商业广告不具有要约的作用，而只是一项要约邀请。但是，有些国家如英美的判例则认为，商业广告原则上虽然不是一项要约，但如果广告的内容十分明确、肯定，在某些例外的情况下，也可以视为一项要约。对此，《公约》基本上采取折中的办法来处理。按照《公约》第14条第2款的规定，凡不是向一个或一个以上特定的人提出的订约建议，仅应视为要约邀请，而不是一项要约。但是，如果此项建议符合作为要约的其他要求，而且提出该建议的人明确表示有相反的意向，如明确表示他所刊载的广告是作为一项要约提出来的，则这项建议亦得视为要约。这里所说的"明确表示"，可以有不同的表示方式。例如，在刊登商业广告时注明"本广告构成要约"或注明"广告所列的各种商品将售予最先支付现金或最先开来信用证的人"等，如有这类特别说明，则该项广告将被认为是一项要约。

（2）要约的内容必须十分确定。

要约一般应包括拟订立合同的主要条件，如商品的名称、价格、数量、品质或规格、交货日期和地点以及付款方式等，以便一旦为对方所接受，就足以成立一项有效的合同，不致由于欠缺某项重要条件而影响合同的有效成立，或使合同无法执行。但是，要约人不需要在其要约中详尽无遗地列出全部条款，只要达到足以确定合同内容的程度即可。根据《公约》第14条的规定，一项关于订立合同的建议如要成立一项要约，其内容必须十分确定。所谓"十分确定"，是指必须符合《公约》所提出的最低限度的要求。《公约》认为，一项关于订立合同的建议，如果包含了以下三项内容，即符合"十分确定"的要求：

①载明货物的名称；
②应明示或默示地规定货物的数量或规定如何确定数量的方法；
③应明示或默示地规定货物的价格或规定如何确定价格的方法。

按照《公约》的规定，一项订约建议，如果包含了以上三项内容，便应当认为是"十分确定"的，就是一项有效的要约。一旦它被对方接受，买卖合同即告成立。至于要约中所没有规定的其他事项，在买卖合同成立后，可按《公约》有关规定办理。例如，如果在要约中对交货时间没有作出具体规定，则在合同成立后，根据《公约》第33条的规定，卖方应在订立合同后的一段合理时间内交货。总之，在报价中只要包括上述三项内容就满足了《公约》的最低要求。至于其他事项，在合同成立后，可以通过援引《公约》的有关规定来填补解决，不会因此而影响合同的有效成立。

（3）要约人须有当其要约被接受时即受约束的意思。

要约的目的是同对方订立合同。因此，要约一旦被对方接受，合同即告成立，要约人即须受到约束。

2．要约生效的时间

《公约》第15条第1款规定，要约于其到达受要约人时生效。因为要约是一种意思表示，受要约人必须在收到要约之后才能决定是否予以接受。

3．要约的撤回与撤销

（1）要约的撤回。

要约的撤回是指要约人发出要约之后，在该要约到达受要约人之前，将要约收回，使其不发生效力。《公约》规定，一项要约，即使是不可撤销的要约，也可以撤回，只要撤回要约的通知在该要约到达受要约人之前或与要约同时到达受要约人。

（2）要约的撤销。

要约的撤销是指要约已经到达受要约人，即要约已经生效后，要约人取消其效力。关于要约的撤销，《公约》规定：

① 在合同成立之前，要约得予撤销，但是撤销要约的通知必须在受要约人作出承诺之前送达受要约人。

② 如果发生下列情形的，要约一旦生效，则不得撤销：一是在要约中已经载明了承诺的日期，或者以其他方式表示该要约是不可撤销的；二是受要约人有理由相信该项要约是不可撤

销的，并且已经本着对该项要约的信赖按照该项要约行事，该项要约也属于不可撤销的要约。这些规定维护了受要约人的权益并且保障了交易安全。

### 4．要约的终止或失效

《公约》第17条规定：一项要约，即使是不可撤销的要约，应于拒绝该要约的通知送达要约人时终止。根据《公约》第17条及其他有关条文的规定，要约的终止有以下四种情况：

（1）要约因被拒绝而终止。拒绝要约有两种方式：一种是直截了当地表示拒绝接受某项要约；另一种是对要约人在要约中所提出的交易条件进行讨价还价，这也是对要约的拒绝，并构成还盘或反要约。按照《公约》第17条的规定，任何要约，包括不可撤销的要约，于拒绝该要约的通知到达要约人时即告终止。此后，要约人就不再受该要约的约束。

（2）要约因被要约人撤销而终止。除《公约》特别规定不可撤销的要约之外，其他的要约均可因其被要约人撤销而终止。

（3）要约因其所规定的接受期限届满而终止。凡规定了接受期限的要约，如受要约人不在规定期限内接受，该要约即告终止。

（4）要约因"合理期限"已过而终止。如果要约中没有规定接受的期限，则只要受要约人未能在一段合理时间内把接受通知送达要约人，该项要约即告失效。

## （二）承诺（Acceptance）

### 1．承诺的含义

按照《公约》第18条的规定，受要约人以做出声明或以其他行为对某一要约表示同意，即为承诺。承诺的实质是对要约表示同意。这种同意要约的意旨必须以某种方式向要约人表示出来。按照《公约》的规定，受要约人可以以两种方式表示其对要约的承诺：一种是采取口头或书面形式向要约人发出声明的方式表示承诺该项要约；另一种是通过某种行为来表示承诺，例如，受要约人按照要约中规定的品质规格和数量发运货物或支付货款，这种发货和付款的行为也是承诺的一种方式。

### 2．承诺生效的时间

承诺一旦生效，合同即告成立，双方当事人就要受合同的约束，承担由合同所产生的权利义务。因此，承诺何时生效是十分重要的问题，承诺生效的时间与地点就是合同成立的时间与地点。

《公约》对承诺生效的时间，原则上采取到达生效的原则。

### 3．对要约中的条件做了变更的承诺的效力

按照《公约》第19条第1款规定，对要约表示承诺时，如载有添加、限制或其他更改，应视为对要约的拒绝，并构成反要约。但是，为了避免由于承诺的内容与要约稍有出入，而影响到合同的有效成立，《公约》提出了一项比较灵活的处理办法。按照《公约》第19条第2款的规定，对要约表示承诺但载有添加或不同条件的答复，如所载的添加或不同条件在实质上并不变更该项要约的条件，则除要约人在不过分延迟的期间内以口头或书面方式提出异议外，仍可作为承诺，合同仍可有效成立。在这种情况下，合同的条件就以该项要约所提出的条件以及承诺时所附加或更改后的条件为准。

对于哪些变更是属于"实质性"变更的问题,《公约》第 19 条第 3 款规定,凡在承诺中对下列事项做了添加或变更者,均认为在实质上变更了要约的条件:①货物的价格;②付款;③货物的质量与数量;④交货的时间与地点;⑤当事人的赔偿责任范围;⑥解决争议的方法等。如果受要约人在承诺要约时,对要约中所涉及的上述任何一项条件做了添加或变更,那就不能认为是真正的承诺,而是反要约,即使要约人没有提出异议,合同也不能成立。

### 三、《公约》确定的当事人的义务

买卖双方的义务是《公约》的核心内容,《公约》对双方义务的规定,都是非强制性的规定。双方当事人可以排除其适用或作出不同的规定,如果当事人在合同中对各自的义务做出了与《公约》不同的规定,则应按合同的规定办理。只有当买卖合同对某些事项没有做出规定,而该合同又适用该《公约》时,才援引《公约》的有关规定来确定买卖双方当事人的权利和义务。

#### (一)卖方的义务

##### 1. 交付货物

(1) 关于交货的地点。

如果买卖合同对交货地点已有规定,卖方应按合同规定的地点交货。如果合同对交货地点没有作出规定,根据《公约》第 31 条的规定,卖方应按不同情况履行其交货义务:

① 如果合同没有规定具体的交货地点,而该合同又涉及货物的运输,即要求卖方把货物运送给买方,如铁路交货合同、装运港船上交货合同等,则卖方的交货义务就是把货物交给第一承运人。即使这批货物需要经过两个以上的承运人才能运到买方,但卖方也只需把货物交给第一个承运人,即认为已履行交货义务。不仅如此,根据《公约》第 67 条的规定,在这种情况下,从货物按照合同规定交付给第一承运人时起,风险也由卖方转移于买方。

② 如果买卖合同既没有规定具体的交货地点,又不要求卖方把货物运送给买方,则按照《公约》规定。如果该合同标的物是特定物,或者是从某批特定存货中提取的货物,或者是尚待加工生产或制造的未经特定化的货物,而双方当事人在订立买卖合同时已经知道这些货物存在这个地方,或者已经知道它们将在某个地方生产或制造,则卖方应在该地点把货物交给买方处理。

③ 除上述情况外,卖方的交货义务是在其订立买卖合同时的营业地点把货物交给买方处理。所谓交给买方处理,是指卖方采取一切必要的行动,让买方能够取得货物。

但是,《公约》的上述规定只有在买卖合同对交货地点没有作出规定时才适用。如果双方当事人已经使用某种贸易术语明确规定了交货的地点,则卖方的义务就不是将货物交付给第一承运人或在特定货物的所在地交货,而是应当把货物交到指定地点。

(2) 关于交货的时间。

《公约》第 33 条对如何确定卖方交货的时间做了如下规定:

① 如果合同中规定了交货的日期,或从合同中可以确定交货的日期,则卖方应在该日期交货。

② 如果合同中规定了一段交货期间,或从合同中可以确定一段时间,一般情况下,卖方

有权决定在这段期间内的任何一天交货。

③ 在其他情况下，卖方应在订立合同后的一段合理的时间内交货。如何确定"合理时间"，应根据交易的具体情况来确定。

### 2. 提交有关货物的单据

在国际货物买卖中，装运单据具有十分重要的作用。它们是买方提取货物、办理报关手续、转售货物以及向承运人或保险公司索赔的必不可少的文件。因此，移交有关货物的单据是卖方的一项主要义务。《公约》第34条规定，如果卖方有义务移交有关货物的单据，必须按照合同规定的时间、地点和方式移交这些单据。这类与货物有关的单据，主要是指提单、保险单和商业发票。

### 3. 卖方的品质担保义务

卖方交付的货物应当与合同规定的数量、质量和规格相符，并按照合同规定的方式装箱或包装。除当事人另有约定的以外，卖方交付的货物应当符合下列要求：

（1）货物应适用于同一规格货品通常的使用用途；

（2）货物应适用于订立合同时买方曾明示或默示地通知卖方的任何特定用途，除非情况表明买方并不依赖卖方的技能和判断力，或者这种依赖对卖方来说是不合理的；

（3）货物的质量应与卖方向买方提供的货物的样品或样式相同；

（4）货物应按同类货物通用的方式装入容器或包装，如无此种通用方式，则应按足以保全和保护货物的方式装进容器或包装。

### 4. 卖方的权利担保义务

权利担保是指卖方应保证对其出售的货物享有合法的权利，没有侵犯任何第三人的权利，并且任何第三人都不会就该货物向买方主张任何权利。《公约》对卖方的权利担保义务主要有两个方面：一是卖方所交付的货物必须是第三方不能提出任何权利或请求的货物；二是卖方所交付的货物不得侵犯任何第三方的工业产权或其他知识产权。

## （二）买方的义务

### 1. 支付货款

按照《公约》规定，买方支付货款的义务涉及许多方面的问题，如履行必要的付款手续、合理确定货物的价格、确定付款的时间和地点等。

（1）履行必要的付款手续。

《公约》第54条规定，买方支付货款的义务包括按照合同或任何法律、规章所要求的步骤及手续，以便使货款得以支付。该规定的目的是把买方为付款所必须采取的准备行动作为其付款义务的一个组成部分。所谓依照合同或法律、规章的要求采取为支付货款所必需的步骤及手续，主要是指按照买卖合同的规定，申请银行开出信用证或银行保函；在实行外汇管制的国家，还必须根据有关法律或规章的规定，向政府申请取得为支付货款所必需的外汇。

（2）确定货物的价格。

如果买卖合同已经有效成立，但是合同没有明示或默示地规定货物的价格或规定确定价格的方法，在这种情况下，则应当认为双方当事人已默认引用订立合同的时候这种货物在有关贸易中的类似情况下出售的通常价格。公约这项规定的目的是使合同不致由于没有规定价格或作价方法而不能履行。

（3）确定支付货款的地点。

如果双方在买卖合同中对付款的地点已有明确的规定，买方应在合同规定的地点付款。如果买卖合同对付款地点没有作出具体的规定，买方应按《公约》第57条规定，在下列地点向卖方支付货款。①在卖方的营业地付款。如果卖方有一个以上的营业地点，则买方应在与该合同及合同的履行关系最为密切的那个营业地点向卖方支付货款。②如果是凭移交货物或单据支付货款，则买方应在移交货物或单据的地点支付货款。

（4）确定支付货款的时间。

《公约》第58条规定了买方支付货款的时间与条件，它包括以下三项内容。①如果买卖合同没有规定买方付款时间，则买方应当在卖方按合同或《公约》的要求把货物或把代表货物所有权的装运单据（如提单等）移交给买方处置时，支付货款。卖方可以把支付货款作为移交单据的条件，如果买方不付款，卖方没有义务把货物或单据交给买方。②如果合同涉及货物的运输，卖方可以在发货时订明条件，规定在买方支付货款时才可把货物或代表所有权的单据交给买方。③买方在没有机会检验货物之前没有义务支付货款，除非这种检验的机会与双方当事人约定的交货或支付程序相抵触。

### 2. 收取货物

根据《公约》第60条规定，买方收取货物的义务主要包括以下两项内容：

（1）采取一切理应采取的行动，以便卖方能交付货物。

这项规定主要是要求买方合作，采取必要的行动，如及时指定交货地点或按合同规定安排有关运输事宜，以便卖方能履行其交货义务。特别是在采用FOB（装运港船上交货）条件成交时，买方的配合更是必不可少的。因为在FOB条件下，装运货物的运输工具是由买方负责指派的，如果买方不按合同规定的时间将运输工具派往装货地点，卖方就无法履行其交货义务。

（2）接收货物。

买方有义务在卖方交货时接收货物，如果买方不及时接收货物，有时可能会对卖方的利益产生直接影响。当卖方将货物运送给买方时，卖方一般都要求买方及时卸货并提走货物。如果买方不及时提货，卖方可能要对承运人支付滞期费及其他费用。

> **职业提示**
>
> 全球贸易往来越来越频繁，世界各国间的联系更加密切，要求有一个共同的贸易规则供各国遵守，《联合国国际货物销售合同公约》应运而生。根据《公约》要求，在世界贸易往来中我们要坚持平等互利、和平友好的原则，同时要坚决维护国家主权和国家利益，注意保守国家秘密。

## 四、货物所有权和风险的转移

### 1. 货物所有权的转移

《公约》规定，不涉及买卖合同对所售货物所有权可能产生的影响。由于各国关于所有权转移的法律分歧较大，不容易统一，所以，《公约》没有对货物所有权的问题做出具体规定。《公约》明确规定，本公约只适用于销售合同的订立以及卖方和买方因此种合同而产生的权利和义务。特别是，本公约除非另有明文规定，否则与以下事项无关：一是合同的效力，或其任何条款的效力，或任何惯例的效力；二是合同对所售货物所有权可能产生的影响。

### 2. 货物风险的转移

货物风险的转移直接涉及买卖双方的基本权利义务，关系到货物风险产生的损失由卖方还是由买方承担的问题。在货物的风险没有转移给买方的情况下，货物发生损毁或者灭失时，不仅买方没有交付货款的义务，而且卖方还要承担不交货的责任，除非卖方能够证明该损失是由不可抗力造成的。如果货物的风险已经转移给买方，货物即使遭受损坏或灭失，买方仍有交付货款的义务。

《公约》原则上以交货的时间来确定风险的转移，同时，《公约》也允许双方当事人在合同中约定风险转移的规则。当事人可以在合同中使用国际贸易术语或者以其他方法规定货物损失风险转移的时间和条件。当事人有约定的，则依据合同的约定。

买卖合同中涉及运输的，如果卖方有义务在某一特定地点交付货物，则货物交付第一承运人起，风险转移给买方承担；如果卖方有义务在某一特定地点将货物交付给承运人，在货物于该地点交付给承运人之前，风险不转移给买方承担。

对于在运输途中出售的货物，从订立合同时起，风险转移给买方承担。由于货物在订立合同时已经装在运输工具上，在货物到达目的地后发现货物已经发生损坏或灭失，但是难以确定该项货物是在运输过程中哪个阶段损失的，是在订立合同之前发生的损失还是在订立合同后发生的损失？这种损失是由卖方来承担还是由买方来承担？对此，《公约》也规定了解决办法。

### 情境分析

我们已经学习了国际货物买卖法律问题的相关知识，下面我们就用这些知识解决"情境导入"中的问题。

（1）乙公司有权要求甲公司承担损害赔偿责任。理由：根据相关规定，当事人迟延履行后发生不可抗力的，不能免除责任。甲公司原本应当于7月履行合同，但由于甲公司的违约未履行，直到8月在乙公司催促下才履行合同。甲公司有明显的延迟履行合同的违约行为，且没有正当的抗辩理由，乙公司有权要求甲公司赔偿因为其延迟履行给乙公司造成的各种损失。

（2）乙公司认为合同已经终止是错误的。理由：甲公司延迟履行构成违约后，乙公司有权要求甲公司赔偿因为其延迟履行给乙公司造成的各种损失，有权选择解除或终止合同（如果延迟履行造成乙公司无法达成合同目的，甲公司当然构成根本违约），也有权选择要求甲公司继续履行（如果继续履行对乙公司有利）。而乙公司选择了要求甲公司继续履行。因此根据《民法典》，乙公司就不能再拥有解除或终止合同的权利了。

（3）本案中货物的风险应当由乙公司承担。理由：根据《联合国国际货物销售合同公约》的规定，合同双方对风险承担没有约定的情况下，如果货物涉及运输，则在货物按照合同交付给第一个承运人以运交买方时起，风险就转移给买方承担。本案中，即货物交由铁路运输时起就将风险转移给乙公司承担。

## 子情境三　认识国际贸易术语

### ✓ 情境导入

甲公司向外商出售一级大米 200 吨，成交条件 FOB 上海装船时货物经检验符合合同要求，货物出运后，甲公司及时向买方发出装船通知。但是在航运途中，因海浪过大，大半货物被海水浸泡，大米的品质受到影响。货物到达目的港后，只能按照三级大米价格出售，于是，买方要求甲公司赔偿差价损失。

问题：1. FOB 下甲方和买方各自的义务有哪些？
　　　2. 甲公司是否应该赔偿差价损失？

### 🔗 知识学习

在国际货物买卖中，双方当事人可以在合同中约定采用国际贸易惯例。国际贸易惯例不具有普遍的约束力，当事人可以选择采用，也可以选择不采用。如果双方当事人选择采用某种国际贸易惯例确定他们之间的权利义务并规定在合同中，则该项惯例对当事人具有约束力。

#### 一、关于国际货物买卖的国际惯例

##### 1.《国际贸易术语解释通则》

国际商会自 20 世纪 20 年代初即开始对重要的贸易术语做统一解释研究。《国际贸易术语解释通则》（简称《Incoterms》）是国际商会为统一各种贸易术语的不同解释于 1935 年制定的。随后，为适应国际贸易实践发展需要，国际商会先后于 1953 年、1967 年、1976 年、1980 年、1990 年、2000 年、2010 年对《国际贸易术语解释通则》进行过多次修订和补充。此后，在国际商会成立 100 年之际，国际商会于法国巴黎正式向全球发布《国际贸易术语解释通则 2020》（以下简称《解释通则 2020》）。该规则于 2020 年 1 月 1 日正式生效，对贸易实务、国际结算等方面产生了重要影响，反映了全球贸易的发展。

《解释通则 2020》对 11 种贸易术语做了详细解释，具体规定了买卖双方的权利义务，从而减少潜在的法律纠纷的可能性。现在，《解释通则 2020》在国际上得到了广泛的承认和采用，成为国际货物买卖中最重要的贸易惯例之一。

##### 2.《华沙—牛津规则》

19 世纪中叶，CIF（成本加保险费加运费）贸易术语在国际贸易中被广泛采用，但各国对其解释不一。国际法协会于 1928 年在波兰华沙制定了 CIF 买卖合同统一规则，共 22 条，称为《1928 年华沙规则》；后又经 1930 年纽约会议、1931 年巴黎会议和 1932 年牛津会议修订为 21 条，称之为《华沙—牛津规则》。《华沙—牛津规则》对 CIF 的性质、重点及买卖双方的权利义务都做了具体的规定，供买卖双方自愿采用。《华沙—牛津规则》自 1932 年公布

后，一直沿用至今，并成为国际贸易中颇有影响的国际贸易惯例。

### 3.《1941年美国对外贸易定义修订本》

1941年，由美国商会、美国进口商协会及全国对外贸易协会组成的联合委员会通过了《1941年美国对外贸易定义修订本》，对美国在对外贸易中经常使用的贸易术语做了解释，规定了不同的贸易术语中买卖双方在交货方面的权利和义务。需要注意的是，该惯例主要适用于美洲国家，在很多解释上与其他惯例不同。例如，对FOB这一术语的解释，与《解释通则2020》的解释有较大的差异，而我国在对外贸易中较为习惯按照《解释通则2020》的解释。所以，使用本定义或与该地区交易时一定要注意这些不同之处。

## 二、《解释通则2020》的适用范围

贸易术语又称"价格术语"，是用简明的外贸语言或缩写的字母，来概括说明合同当事人双方在交易中的权利义务、货物交接的责任、费用，以及风险的划分和货物价格构成等方面的特殊用语。国际贸易术语是在长期的国际贸易实践中形成的，用以确定买卖双方在交付货物中的责任、费用和风险等问题的一种国际贸易惯例。

《解释通则2020》适用于买卖合同当事人因交付出售的货物而产生的权利义务。具体说，《解释通则2020》仅适用于买卖合同，而不是所有合同关系；此外，《解释通则2020》只适用于有形货物的贸易。

还应当注意的是，《解释通则2020》是国际贸易惯例，如果合同当事人需要援引《解释通则2020》，必须在合同中明确约定适用该通则。《解释通则2020》虽然规定许多的权利义务，有些义务是强制性的义务，但是它并不能将当事人的权利义务全部包括进来，所以，仍然需要当事人对彼此间的权利义务关系作进一步的协商。

## 三、六种常用贸易术语

在我国对外贸易中，经常使用的贸易术语主要有FOB、CFR、CIF、FCA、CPT和CIP，下面主要介绍买卖双方以这些术语成交时的主要权利和义务。

### （一）在装运港交货的三种常用贸易术语是FOB、CIF、CFR

#### 1. 装运港船上交货（FOB）

FOB指卖方将合同规定的货物在合同规定的装运港和期限内装到买方指定的船上，并承担直到货物装上船为止的一切风险和费用。买方安排到目的港的运输和保险，承担运费和保险费；风险在货物装上船时由卖方转移给买方。

（1）卖方的基本义务。

① 在指定的装运港，在约定的装运期内，把货物装到买方指定的船上，并向买方发出装船的通知。

② 向买方提交合同规定的各项单证等。

③ 办理出口结关的手续，并承担货物到装运港装上船前的一切费用和风险。

（2）买方的基本义务。

① 按照合同的约定，受领货物和交货凭证并支付货款。

② 按时租船开往约定的装运港接运货物，支付运费。买方应当将船名和船舶到港装运的日期通知给卖方。

③ 承担货物在装运港装上船后的各种费用并承担货物装上船以后货物损失的一切风险。

## 2. 成本加保险费加运费（CIF）

CIF 是卖方负责租船订舱，在合同规定的装运港和期限内将合同规定的货物装上船，并支付将货物运至目的港所需的运费和费用，办理海运货物保险，承担货物在装运港装上船前的风险。该术语适用于海运和内河运输。

（1）卖方的基本义务。

① 在合同规定的时间和港口，将合同规定的货物装上船，支付至目的港的运费，在将货物装上船后应及时通知买方。

② 办理出口所需的海关手续，承担货物在装运港装上船前的一切费用和风险。

③ 按照合同的规定，办理运输保险，支付保险费。

④ 提交商业发票和在目的港提货所需的通常的运输单据。

（2）买方的基本义务。

① 受领货物，以及接受卖方提供的交货凭证，并按照合同规定支付货款。

② 承担货物在装运港装上船之后损失的风险。

③ 办理货物进口所需的海关手续，缴纳进口税。

**知识链接** 象征性交货

CIF 是一个典型的象征性交货的贸易术语。象征性交货是指卖方只要按照合同规定的时间，在装运港把货物装上船，并向卖方交付了合同规定的代表货物所有权凭证的有关单据，就算完成了交货任务。象征性交货是针对实际交货而言的。

## 3. 成本加运费（CFR）

CFR 是卖方负责租船订舱，并在合同规定的装运港和期限内将合同规定的货物装上船完成交付，货物灭失或损坏的风险在货物交到船上时转移。该术语只适用于海运或内河水运运输。

（1）卖方的基本义务。

① 提供合同规定的货物。

② 租船订舱，按照合同规定的时间在指定的装运港装船，支付运费，并向买方发出已经装船的充分通知。

③ 办理出口结关的手续，并承担货物在装运港装上船前的一切风险，以及在装运港将货物交至船上前的费用。

④ 向买方提交合同规定的各项单证等。

（2）买方的基本义务。

① 按照合同的约定，在目的港受领货物。办理进口结关手续，缴纳进口税。

② 承担货物在装运港装上船后的货物损失的风险。

③ 受领货物和交货凭证，并按照合同规定支付货款。

## （二）向承运人交货的三种贸易术语是 FCA、CPT、CIP

### 1. 货交承运人（FCA）

FCA 是指卖方在指定地点将经出口清关的货物交给买方指定的承运人，并办理出口清关手续，这样就完成了交货的任务。有关货物的风险从货物交付给承运人时起就由卖方转移给了买方。

（1）卖方的基本义务。

① 在合同规定的交货地点和时间，将合同规定的货物交付给买方指定的承运人，并及时通知卖方。

② 承担货物在货交承运人之前的一切费用和风险。

③ 自负风险和费用，办理货物出口的许可证等，办理货物出口所需的海关手续。

④ 提交商业发票或具有同等作用的商业发票或电子单证。

（2）买方的基本义务。

① 订立合同，支付运费，并将承运人的名称以及相关信息通知给卖方。

② 承担货交承运人之后所发生的一切费用和货物损失的风险。

③ 根据买卖合同的规定受领货物并支付货款。

④ 自负费用和风险，办理货物进口所需许可证或其他官方证件以及海关手续。

### 2. 运费付至（指定目的地）（CPT）

CPT 是指卖方向指定的承运人交货，支付将货物运至目的地的运费，由买方承担交货以后的一切风险和其他费用。

（1）卖方的基本义务。

① 在合同规定的时间和地点，将合同规定的货物交付给买方指定的承运人，并及时通知买方。

② 承担货物在货交承运人之前的一切费用和风险。

③ 自负风险和费用，办理货物出口的许可证等，办理货物出口所需的海关手续，支付关税和报关费。

④ 交付商业发票和在目的港提货所需的通常的运输单据或同等的电子信息。

（2）买方的基本义务。

① 受领货物，以及接受卖方提供的有关单据，并按照合同规定支付货款。

② 承担货物在约定地点交付给承运人之后的风险。

③ 自负费用、自担风险、办理货物进口所需的海关手续。

### 3. 运费 & 保险费付至（指定目的地）（CIP）

CIP 是指卖方向指定的承运人交货，支付将货物运到目的地的运费，办理货物在运输中灭失或者损坏风险的保险并支付保险费，由买方承担交货以后的一切风险和额外费用。

（1）卖方的基本义务。

① 提供符合销售合同规定的货物和商业发票或有同等作用的电子讯息，以及合同可能要

求的、证明货物符合合同规定的其他任何凭证。

② 自担风险和费用，取得任何出口许可证或其他官方许可，并在需要办理海关手续时办理货物出口所需的一切海关手续。

③ 自付费用，按照通常条件订立运输合同，依通常路线及习惯方式，将货物运至指定目的地的约定点。

④ 按照合同规定，自付费用取得货物保险，并向买方提供保险单或其他保险证据，以使买方或任何其他对货物具有保险利益的人有权直接向保险人索赔。

⑤ 在合同规定的时间、地点，将符合合同规定的货物置于买方指定的承运人控制下，并及时通知买方。

（2）买方的基本义务。

① 自负风险和费用，取得进口许可证或其他官方证件，在需要办理海关手续时，办理货物进口和经由他国过境的一切海关手续，并支付有关费用及过境费。

② 签订从指定地点承运货物的合同，支付有关的运费，并将承运人名称及有关情况及时通知给卖方。

③ 承担货物交给承运人之后所发生的一切费用和风险。

④ 根据买卖合同的规定受领货物并支付货款。

> **职业提示**
>
> 在国际货物买卖中，不同的贸易术语都对风险转移时间做了具体规定。这就要求我们要树立风险意识，在国际贸易中做到具体问题具体分析，认真分析各种贸易术语下的风险转移时间，进而选择恰当的贸易术语，规避风险，做出对己方有利的决策。

## 情境分析

我们已经学习了国际贸易术语的相关知识，下面我们就用这些知识解决"情境导入"中的问题。

### 1. FOB 条件下买卖双方的义务

（1）卖方的基本义务。

① 在指定的装运港，在约定的装运期内，把货物装到买方指定的船上，并向买方发出装船的通知。

② 向买方提交合同规定的各项单证等。

③ 办理出口结关的手续，并承担货物到装运港装上船前的一切费用和风险。

（2）买方的基本义务。

① 按照合同的约定，受领货物和交货凭证并支付货款。

② 按时租船开往约定的装运港接运货物，支付运费。买方应当将船名和船舶到港装运的日期通知给卖方。

③ 承担货物到装运港装上船后的各种费用并承担货物装上船以后货物损失的一切风险。

### 2. 甲公司不应赔偿差价损失

理由：采用 FOB 贸易术语，卖方按时将货物交到买方指定船上即履行了交货义务，货物的风险已经从卖方转移到买方。至于买方货物受损，如果属于保险公司承保责任范围内的损失，则应向保险公司提出索赔，卖方可协助办理。

## 闯关考验

### 一、单项选择题

1. 下列各项不属于买卖合同中买方义务的是（    ）。
   A. 支付货款　　　B. 发货　　　C. 检验货物　　　D. 接收货物
2. 买卖合同标的物毁损、灭失的风险在标的物交付前由（    ）承担。
   A. 买受人承担　　B. 出卖人承担　　C. 担保人承担　　D. 第三人承担
3. 甲企业与乙企业在 2022 年 4 月 1 日签订一份标的额 50 万元的买卖合同。根据合同规定，乙企业应于 4 月 10 日前到甲企业的仓库提取货物，但由于乙企业的原因，其于 4 月 30 日才去提取该批货物，但 4 月 20 日甲企业仓库发生火灾，致使全部货物受损。根据《民法典》规定，乙企业应当自（    ）之日起承担标的物毁损、灭失的风险。
   A. 4 月 1 日　　　B. 4 月 10 日　　　C. 4 月 20 日　　　D. 4 月 30 日
4. 《联合国国际货物销售合同公约》仅适用于（    ）。
   A. 营业地分处不同缔约国的当事人之间的货物买卖
   B. 具有不同国家国籍的当事人之间的货物买卖
   C. 船舶、飞机、气垫船的买卖
   D. 卖方提供劳务或其他服务的买卖
5. 按照 C 组术语成交，货物起运后的风险由（    ）负担。
   A. 卖方　　　B. 买方　　　C. 承运方　　　D. 保险公司
6. 象征性交货指卖方的交货义务是（    ）。
   A. 不交货　　　　　　　　B. 既交单又实际性交货
   C. 凭单交货　　　　　　　D. 实际性交货
7. 《联合国国际货物销售合同公约》对（    ）予以规范。
   A. 合同的效力　　　　　　B. 合同的成立
   C. 合同对货物所有权的影响　　D. 货物对人身造成伤亡引起的产品责任
8. 采用 CFR 贸易术语，应由（    ）。
   A. 买方负责租船订舱和保险
   B. 卖方负责租船订舱和保险
   C. 由买方负责租船订舱，卖方负责保险
   D. 由卖方负责租船订舱，买方负责保险
9. 同一商品按 FCA 价出口与按 CIP 价出口相比，（    ）价格更高。
   A. FCA　　　B. CIP　　　C. 价格一样　　　D. 无法比较

10. 关于要约的说法，不正确的是（    ）。
    A. 要约应向一个或一个以上的特定人提出
    B. 要约的内容必须十分确定
    C. 要约人须有当其要约被接受时即受约束的意思
    D. 要约只可撤回不能撤销

## 二、多项选择题

1. 买卖合同的法律特征是（    ）。
    A. 双务合同            B. 诺成合同
    C. 有偿合同            D. 不要式合同
2. 北京某工厂向厦门某公司购买一批货物，合同对付款地点和交货期限没有明确约定，发生争议后，根据《民法典》，下列表述正确的是（    ）。
    A. 北京某工厂付款给厦门某公司，应在北京履行
    B. 北京某工厂付款给厦门某公司，应在厦门履行
    C. 厦门某公司可以随时交货给北京某工厂，该厂不得有任何异议
    D. 厦门某公司可以随时交货给北京某工厂，但应给该厂必要的准备时间
3. 《联合国国际货物销售合同公约》适用于确定下列哪些事项？（    ）
    A. 货物风险的转移      B. 合同的效力
    C. 合同的成立          D. 当事人因合同而产生的权利义务
4. 下列（    ）不能适用《联合国国际货物销售合同公约》。
    A. 经由拍卖的销售
    B. 根据法律执行令状或其他令状的销售
    C. 船舶的销售
    D. 公债、股票、投资证券、流通票据或货币的销售
5. 贸易术语又称"价格术语"，是用简明的外贸语言或缩写的字母，来概括说明合同当事人双方在交易中的（    ）。
    A. 权利义务            B. 货物交接的责任、费用
    C. 风险的划分          D. 货物价格构成

## 三、简述题

1. 简述买卖合同当事人的义务。
2. 简述出卖人的瑕疵担保义务。
3. 简述标的物风险的负担。
4. 简述《联合国国际货物销售合同公约》当事人的义务。
5. 简述《联合国国际货物销售合同公约》对风险转移的规定。
6. 简述 FOB 与 FCA 贸易术语的异同。

## 四、技能训练

上海某进出口公司将一批茶叶交由某物流企业安排装运，该物流企业和进出口公司签订物流服务总合同。接着物流企业将茶叶交由另一家仓储公司装箱，仓储公司在装箱时将茶叶和丁

香配装在同一集装箱内。收货人收到茶叶后对茶叶做质检,质检报告认为:茶叶与丁香串味,已经无法饮用。该批茶叶成交价为 CIF,该批茶叶由中国人民保险公司承保。

将同学按 4～6 人一组进行分组,每组派一人专门记录,然后完成以下实训。

(一)案例分析

1. 某进出口公司的经济损失最终应该由谁承担?为什么?
2. 本案中,货主可以采取哪些途径解决经济损失的问题?

(二)实践提升

利用网络、物流企业调研搜集一篇采购合同,以小组为单位讨论分析该份合同的结构和内容,总结采购合同的作用及签订采购合同应注意哪些问题,制作 PPT 展示。

买卖法律纠纷案例

# 情境三
# 依法开展物流仓储活动

## 篇首语

仓储是对仓储货物的收发、结存等活动的有效控制,是物流活动的重要环节。《"十四五"现代物流发展规划》提出:"依托具备条件的国家物流枢纽发展现代化大宗商品物流中心,增强储备、中转、通关等功能,推进大宗商品物流数字化转型,探索发展电子仓单、提单,构建衔接生产流通、串联物流贸易的大宗商品供应链服务平台。"在发展现代化大宗商品物流中心并开展仓储活动的过程中,法律的约束不可或缺。依法开展仓储活动,要求仓储从业人员掌握基本仓储法律知识,能够分析仓储法律问题并具备相应的法律思维。通过本情境的学习,能够使学习者掌握仓储合同和仓单的基本法律知识、仓储合同当事人的权利义务及保税仓库法律知识,能够分析仓储法律问题,培养学习者今后依法从事仓储活动的法律思维。

## 学习目标

**知识目标:**
- 掌握仓储合同的概念、法律特征、当事人的权利义务和责任。
- 理解仓单的法律性质、内容和效力。
- 掌握保税仓库所存货物的管理。

**能力目标:**
- 能够运用所学知识分析仓储法律问题。
- 能够分析保税货物仓储法律问题。

**素质目标:**
- 学习仓储合同法律特征,树立诚信意识。
- 学习保管人的义务,培养敬业精神。
- 学习保税仓库货物的管理,树立成本意识。

## 知识导图

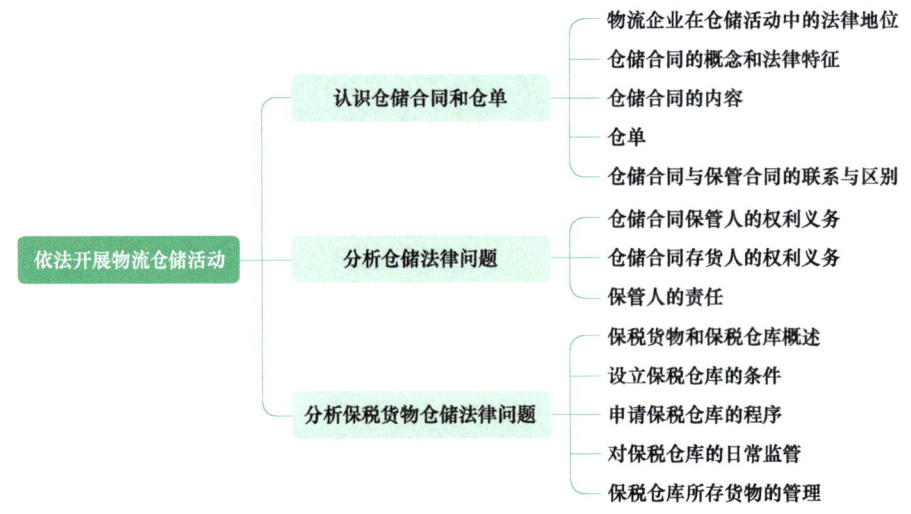

# 子情境一　认识仓储合同和仓单

## 情境导入

某储运公司与某食品加工厂签订了食品原料仓储合同，约定由储运公司储存食品加工厂的生产原料。在生产原料入库后，储运公司向食品加工厂出具了仓单。其后不久，食品加工厂将仓单转让给某销售公司。

问题：1. 储运公司提供的仓储属于哪种类型的仓储？
　　　2. 仓储合同有什么法律特征？
　　　3. 某销售公司能否主张对该批生产原料的所有权？

## 知识学习

### 一、物流企业在仓储活动中的法律地位

不同的物流企业参与仓储活动的方式不尽相同，法律地位也会不同。以不同的法律关系为根据，实践中各物流企业参与仓储活动的方式大致可分为以下几种：

#### 1. 仅为客户提供仓储服务

这类物流企业主要是指专门从事营业性服务的公共仓库。它们接受客户委托，专门为客户提供货物的储存和保管服务，除所附带的一些搬运、装卸活动外，一般不提供其他物流服务。此时，物流企业与客户签订的是仓储合同，双方是仓储合同法律关系，物流企业为保管人，客户为存货人，双方的权利义务按有关仓储合同方面的法律规范确定。

### 2. 为客户提供包含仓储在内的综合物流服务

这类物流企业一般为综合性物流企业，或者具有两项（包括仓储）以上的物流服务功能。它们除为客户提供货物的储存和保管服务外，还会根据客户要求为其提供运输或者配送等物流服务。此时，物流企业与客户签订的是物流服务合同，而不是单纯的仓储合同。物流企业是物流服务提供者，客户是物流服务需求者，双方的权利义务按物流服务合同双方当事人的约定予以确定。

### 3. 以存货人的身份出现

这类物流企业一般是指没有仓储设备的综合物流企业，或者虽有仓储设备但库存空间不足的物流企业。这类物流企业在与客户签订含有仓储服务的物流服务合同后，由于自身没有仓储设备或者足够的库存空间，只能将全部或者部分仓储服务交由拥有仓储设备的物流企业实际履行。拥有仓储设备的物流企业通常为专门提供仓储服务的单位，如公共仓库。此时，物流企业通常会与仓库经营人签订仓储合同，物流企业作为存货人，仓库经营人为保管人，双方当事人的权利义务依据仓储合同法律关系确定。

## 二、仓储合同的概念和法律特征

### （一）仓储合同的概念

根据《民法典》第 904 条的规定，仓储合同是指保管人储存存货人交付的仓储物，存货人支付仓储费的合同。仓储合同一方称为存货方，是仓储服务的需求者；另一方称为保管方，是仓储服务的提供者；仓储物是存货人交由保管人进行储存的物品；仓储费是保管人向存货人提供仓储服务取得的对价。

### （二）仓储合同的法律特征

仓储合同是一种特殊的保管合同，它属于商事合同的范畴，在合同主体、保管对象、成立条件等方面不同于一般保管合同。仓储合同具有以下法律特征：

#### 1. 仓储合同的保管人必须是专门从事仓储保管业务的人

这是对保管人的资格进行的限定。一般而言，保管人是指经工商行政管理机关核准，依法从事仓储保管业务的法人、其他组织或个人。而且，仓库保管人必须具有仓储设备，这是对保管人的一项基本要求。

#### 2. 仓储合同所保管的物品是特定物或特定化的种类物，一般情况下是作为生产资料的动产，不包括不动产和一般零星生活用品

《民法典》第 915 条规定："储存期限届满，存货人或者仓单持有人应当凭仓单、入库单等提取仓储物。"由此可以看出，仓储合同的标的物都是特定的，即使是原属于种类物的标的物，通过仓单也被特定化了。因此，当储存期限届满后，仓单持有人有权领取原物，仓储经营人不得擅自调换动用。另外，仓储合同的性质决定，仓储物应是能够放置或储存在仓库等仓储设备内的。只有仓储物能够完整地入库、出库，才能保证仓储人利用仓储设备不断地运入、运出货物，从而不断地开展其他业务。而不动产不能完整地入库、出库，因此不能成为仓储合同的标的物。

### 3. 仓储合同中货物的交付与归还以仓单作为凭证

仓单是指由保管人在收到仓储物时向存货人签发的，表明已收到一定数量的仓储物的法律文书。仓单记载的事项，直接体现当事人的权利义务，是仓储合同存在以及合同内容的证明。

### 4. 仓储合同是诺成合同

《民法典》第 905 条明确规定："仓储合同自保管人和存货人意思表示一致时成立。"即双方根据存货方的委托储存计划及保管方的仓储能力，依法就合同的主要条款协商一致，合同即成立。也就是说，并不以存货人实际交付存储的货物为成立和生效条件。当然，如果在合同订立的同时存货人就把货物交付保管人保管，此时保管人应当给付仓单。虽然这两种行为同时发生，但合同在双方当事人达成合意时就已成立、生效，以后存货人交付货物，保管人给付仓单的行为是合同的履行行为，与合同的成立、生效无关。

> **职业提示**
>
> "一言既出，驷马难追"出自《论语·颜渊》："夫子之说君子也，驷不及舌。"意思是一句话说出了口，就是套四匹马的车也追不回，形容话说出之后，无法再收回，强调说话要算数，不能反悔。保管人和存货人意思表示一致时，仓储合同即成立。要求双方当事人要言出必行，严格按照约定履行各自义务。这提醒我们在今后的学习、工作和生活中，也应秉持诚信原则，谨言慎行，确保言行一致。

### 5. 仓储合同是双务有偿合同

保管人提供仓储服务，存货人给付报酬和其他费用。仓储合同的双方当事人互负给付义务，一方提供仓储服务，另一方给付报酬和其他必要费用，一方的义务即是对方的权利。仓储合同是双务有偿合同，是由提供仓储服务的一方为专业的仓库营业人的性质所决定的。仓储合同所进行的保管，储存量一般很大，保管人付出的劳动量也很大；在经营过程中，仓储业务是保管人的营业项目，以盈利为目的，这样才能保证保管人的顺利运营。在保管人依照合同约定履行完合同义务，把仓储物完整归还给仓单持有人时，存货人或仓单持有人应当给付规定的保管费用（仓储费）。而仓储费并非仅指保管人为储存货物而支出的费用，还包括合同约定的与入库及出库有关的一切必要的保管费用。

### 6. 仓储合同一般是格式合同

经营公共仓库的保管人为了与多数存货人订立仓储合同，通常事先拟订并印刷了大部分条款，如存货单、入库单、仓单等。在实际订立仓储合同时，再由双方把通过协商议定的内容填进去从而形成仓储合同，而不另行签订独立的仓储合同。

## 三、仓储合同的内容

仓储合同的内容是明确保管人和存货人双方权利义务关系的根据，通常体现在合同的条款上。关于仓储合同的主要条款，除可参照《民法典》第 470 条规定的合同一般包括的条款外，双方当事人还应当对仓储合同特殊要求的一些条款进行约定。

（1）保管人、存货人的姓名或名称及住所。

（2）仓储物的品名、品种、规格。

（3）仓储物的数量、质量、包装、件数和标记。在仓储合同中，应明确规定仓储物的计量单位、数量和仓储物质量，以保证顺利履行合同。同时，双方还要对货物的包装、件数以及包装上的货物标记作出约定。双方要根据货物的性质、仓库的保管条件等约定货物进行何种包装。

（4）仓储物验收的项目、标准、方法、期限和相关资料。对仓储物的验收，主要是指保管人按照约定对入库仓储物进行验收，以确定仓储物入库时的状态。仓储物验收的具体项目、标准、方法、期限等应由当事人根据具体情况在仓储合同中事先作出约定。保管人为顺利验收需要存货人提供货物的相关资料的，仓储合同还应就资料的种类、份数等作出约定。

（5）仓储物的储存期间、保管要求和保管条件。储存期间即仓储物在仓库的存放期间，期间届满，存货人或者仓单持有人应当及时提取货物。保管要求和保管条件是针对仓储物的特性，为保持其完好所要求的具体条件、因素和标准。为便于双方权利义务和责任的划分，应对储存期间、保管要求和保管条件作出明确具体的约定。

（6）仓储物进出库手续、时间、地点和运输方式。仓储物的入库，即意味着保管人保管义务的开始；而仓储物的出库，则意味着保管人保管义务的终止。因此，仓储物进出库的时间、地点对划清双方责任非常关键。而且，仓储物进出库的方式不同，会影响到双方的权利义务关系，也会影响到双方的责任划分。因此，双方当事人也应对仓储物进出库的方式、手续等作出明确约定，以便于分清责任。

（7）仓储物的损耗标准和损耗处理。仓储物在储存、运输、搬运过程中，由于自然原因、货物本身的性质、度量衡的误差等，不可避免地要发生一定数量的减少、破损或者计量误差。对此，当事人应当约定一个损耗的标准，并约定损耗发生时的处理方法。当事人对损耗标准没有约定的，应当参照国家有关主管部门规定的相应标准。

（8）计费项目、标准和结算方式。保管人通常会根据仓储物的性质、保管条件、提供的服务等因素收取仓储费。因此合同双方当事人要合理约定计费标准和结算方式。

（9）违约责任条款。即对当事人违反合同约定义务时应如何承担违约责任、承担违约责任的方式等进行的约定。违约责任的承担方式包括继续履行、支付违约金、赔偿损失等。

除此之外，双方当事人还可就变更和解除合同的条件、期限，以及争议的解决方式等作出约定。

> **知识链接**　《民法典》第 470 条
>
> 合同的内容由当事人约定，一般包括下列条款：（一）当事人的姓名或者名称和住所；（二）标的；（三）数量；（四）质量；（五）价款或者报酬；（六）履行期限、地点和方式；（七）违约责任；（八）解决争议的方法。当事人可以参照各类合同的示范文本订立合同。

## 四、仓单

《民法典》第 908 条规定："存货人交付仓储物的，保管人应当出具仓单、入库单等凭证。"所谓仓单，是指由保管人在收到仓储物时向存货人签发的表示已经收到一定数量的仓储物，并以此来代表相应的财产所有权利的法律文书。

### (一)仓单的法律性质

(1)仓单首先是一种有价证券,是在存货人交付仓储物时,保管人应存货人的请求所填发的有价证券。

(2)仓单还具有交付指示证券的性质,即存货人对保管人予以指示,向仓单持有人支付仓储物的全部或一部分的指示证券。基于仓单的这一性质,仓单可以通过背书方式进行转让。

(3)仓单还是一种物权凭证。仓单代表存储物品,仓单的占有即意味着物品本身的占有,仓单的转移即意味着仓储物品占有的转移。

(4)仓单是一种文义证券,以仓单上文字记载的内容为准。如果仓单上文字记载的内容与实际情况不符,保管人也有义务按仓单上所记载的内容履行义务,即仓单上记载有某批货物,而实际仓库中并没有,保管人对仓单持有人也有交付该批货物的义务。

(5)仓单是要因证券。即仓单上记载的权利以仓储合同为基础,如果没有仓储合同,也就无所谓仓单的存在,这样的仓单只能是一种假仓单。

(6)仓单是要式证券。根据《民法典》第909条的规定,保管人应当在仓单上签名或盖章,仓单上必须有法定的必须记载的事项。没有法定的完备的形式,保管人出具的仓单是无效的。

### (二)仓单的内容

根据《民法典》第909条的规定,仓单包括下列事项:

(1)存货人的姓名或者名称和住所;
(2)仓储物的品种、数量、质量、包装及其件数和标记;
(3)仓储物的损耗标准;
(4)储存场所;
(5)储存期限;
(6)仓储费;
(7)仓储物已经办理保险的,其保险金额、期间以及保险人的名称;
(8)填发人、填发地和填发日期。

### (三)仓单的效力

#### 1. 提取仓储物的效力

仓单代表着仓储物,是提取仓储物的凭证。对于仓单持有人而言,持有仓单就可以主张权利,提取仓储物;对于仓储保管人来说,认仓单而不认人,交付仓储物的同时收回仓单。

#### 2. 转移仓储物所有权的效力

仓单是提取仓储物的凭证,代表着仓储物,所以,仓单的交付就意味着物品所有权的转移,与仓储物的交付发生同一效力。也就是说,仓单的转移就意味着仓单所代表的仓储物所有权的转移。理所当然,仓储物所有权随仓单的转移而转移,仓储物的风险也会随之转移。

#### 3. 出质的效力

仓单持有人可在仓单上设立质权,由于是以仓单为标的所设的质押,所以它在性质上属于权利质押。仓单质押合同由出质人与质权人以书面形式订立,并自仓单移交于质权人占有时生效。仓单设质时，出质人必须在仓单上背书，注明"出质"或"设质"等字样，以此来证明该仓单是用于设质的，还是用于转移仓储物所有权的。

### 五、仓储合同与保管合同的联系与区别

#### （一）仓储合同与保管合同的联系

仓储合同与保管合同都是指保管寄托人交付的保管物，并返还该物的合同。仓储合同是一种特殊的保管合同。虽然《民法典》对保管合同和仓储合同各自设有专门的章节，但保管与仓储这两种活动具有许多相似性。《民法典》第918条规定："本章没有规定的，适用保管合同的有关规定。"

#### （二）仓储合同与保管合同的区别

（1）仓储合同是双务有偿合同；保管合同可以是有偿的也可以是无偿的，有偿无偿取决于当事人的意愿，在未作约定或约定不明时，应视为无偿。

（2）仓储合同是诺成合同，以当事人双方意思表示一致即告成立；保管合同原则上是实践合同，从保管物交付时成立。

（3）仓储合同的主体有一定的特殊性，即保管人一般为从事仓储保管业务的法人或经依法批准从事仓储保管业务的个体或集体经营者；而保管合同的当事人，现有法律未作限制。

（4）仓储经营者从事仓储经营活动应具备以下条件：仓库位置、设施、装卸、搬运、计量等机具应符合行业技术规定；仓库安全设施须符合公安、消防、环保等部门的批准许可；有完整的货物进库、入库、存放等管理制度；有专职保管员。

（5）仓储合同的标的物为动产；而保管合同的标的物未作规定。

▎ 情境分析

我们已经学习了仓储合同和仓单的相关知识，下面我们就用这些知识解决"情境导入"中的问题。

（1）储运公司提供的仓储属于为客户提供包含仓储在内的综合物流服务，该公司为综合性物流公司。其具有两项（包括仓储）物流服务功能，除为客户提供货物的储存和保管服务外，还会根据客户要求为其提供运输服务。

（2）仓储合同的法律特征：

①仓储合同的保管人必须是专门从事仓储保管业务的人。

②仓储合同所保管的物品是特定物或特定化的种类物，一般情况下是作为生产资料的动产，不包括不动产和一般零星生活用品。

③仓储合同中货物的交付与归还以仓单作为凭证。

④仓储合同是诺成合同。

⑤仓储合同是双务有偿合同。

⑥仓储合同一般是格式合同。

（3）某销售公司可以主张所有权。食品加工厂将仓单转让给某销售公司，销售公司取得仓单所有权，仓单的转移就意味着仓单所代表的仓储物所有权的转移。

## 子情境二　分析仓储法律问题

### 情境导入

甲家电生产企业在乙仓库寄存一批家电1000台，价值1000万元。双方约定：仓库自2022年10月1日至2022年10月31日期间保管家电，甲企业分两批取走；10月31日甲企业取走最后一批家电时支付仓储费1万元。10月25日甲企业去领取最后一批家电时，双方为仓储费发生争议。甲企业认为自己在2022年10月25日提取家电，应当少付6天的仓储费。乙仓库拒绝减少仓储费，理由是仓库为了给甲企业的家电腾出空间，早就拒绝了其他客户的存货要求，至于甲企业是否提前将家电取走是甲企业的事情，与仓库无关。双方就仓储费的支付未达成一致，乙仓库拒绝甲企业提取剩下的家电。

问题：1. 甲、乙各自的权利和义务是什么？
　　　2. 甲企业要求减少仓储费是否合理？为什么？
　　　3. 甲企业拒绝支付足额仓储费的情况下，乙仓库是否可以拒绝甲企业提取货物？为什么？

### 知识学习

当事人的权利义务是合同的重要内容，仓储合同最重要的作用是划分了保管人和存货人各自的权利义务。

#### 一、仓储合同保管人的权利义务

#### 1. 保管人的权利

（1）有权要求存货人按照合同约定交付货物。这也是保管人履行自己保管义务的首要前提，只有仓储物交付，保管人才能履行真正的保管义务。

（2）有权要求存货人就所交付的危险货物或易变质货物的性质进行说明并提供相关资料。

（3）对入库货物进行验收时，有权要求存货人配合并提供验收资料。

（4）发现货物有变质或者其他损坏时，有权催告存货人做出必要的处置。

（5）在紧急情况下对仓储物的处置权利。一般情况下仓储保管人不能随意转移、处置货物，但当仓储物发生变质、损坏危及其他货物时，保管人可采取紧急处置措施。

（6）有权要求存货人按时提取货物。

（7）存货人逾期提取货物的，有权加收仓储费。

（8）有权提存存货人逾期未提取的货物。提存是指债务人将无法清偿的标的物提交有关公证机关保存以消灭合同关系的行为。储存期届满，存货人或仓单持有人不提取货物的，保管人可以催告其在合理期限内提取；逾期不提取的，保管人可以提存货物。货物提存后视为保管人已经交付标的物，此后货物毁损、灭失的风险由存货人承担。提存期间，货物的孳息归存货人所有，提存费用由存货人负担。

> **知识链接**　《民法典》第 570 条
>
> 有下列情形之一，难以履行债务的，债务人可以将标的物提存：
> （一）债权人无正当理由拒绝受领；
> （二）债权人下落不明；
> （三）债权人死亡未确定继承人、遗产管理人，或者丧失民事行为能力未确定监护人；
> （四）法律规定的其他情形。
> 标的物不适于提存或者提存费用过高的，债务人依法可以拍卖或者变卖标的物，提存所得的价款。

（9）有权要求存货人按约定支付仓储费和其他费用。存货人没有按照约定支付仓储费的，保管人有权行使留置权。留置权是指债权人按照合同约定占有债务人的动产，债务人不按照合同约定的期限履行债务的，债权人有权留置该财产，以该财产折价或者以拍卖、变卖该财产的价款优先受偿的权利。

> **知识链接**　留置权
>
> 留置权的成立需要具备以下要件：
> 第一，债权人占有债务人之动产。债权人须合法占有债务人动产。
> 第二，债权已过清偿期。债权人的债权未过清偿期，其交付或返回所占有标的物的义务已届履行期的，不能行使留置权。但是，债权人能够证明债务人无支付能力的除外。
> 第三，动产占有与债权属同一法律关系。但是企业之间留置不受同一法律关系的限制。
> 留置权的法律效力：
> 第一，留置担保的范围包括主债权及利息、违约金、损害赔偿金、留置物保管费用和实现留置权的费用。
> 第二，留置财产为可分物的，留置财产的价值应当相当于债务的金额。
> 第三，债务人逾期未履行债务的，留置权人可以与债务人协议以留置财产折价，也可以就拍卖、变卖留置财产所得的价款优先受偿。
> 第四，留置权人有权收取留置财产的孳息，所收取的孳息应当先充抵收取孳息的费用。
> 留置权人负有妥善保管留置财产的义务，因保管不善致使留置财产毁损、灭失的，应当承担赔偿责任。
> 第五，债务人与债权人应当在合同中约定，债权人留置财产后，债务人应当在不少于六十日的期限内履行债务。债权人与债务人在合同中未约定的，债权人留置债务人财产后，应当确定六十日以上的期限，通知债务人在该期限内履行债务。
> 同一动产上已设立抵押权或者质权，该动产又被留置的，留置权人优先受偿；同一财产法定登记的抵押权与质权并存时，抵押权人优先于质权人受偿；质权与未登记抵押权并存时，质权人优先于抵押权人受偿。

### 2. 保管人的义务

（1）签发、给付仓单的义务。保管人签发仓单，既是其接收存货人所交付货物的必要手段，也是其履行仓储合同义务的一项主要内容。保管人在向存货人给付仓单时，应当在仓单上签字或者盖章，保证仓单的真实性。

（2）及时接收货物并验收入库的义务。保管人应按照有关法律规定及合同的约定，对所要保管的货物及时接收并验货。仓储保管人验收时发现与合同约定不符的，应当及时通知存货人。保管人验收后发生仓储物的品种、数量、质量不符合约定的，保管人应当承担损害赔偿责任。验收仓储物按照合同约定的标准和方法进行，没有约定的按照习惯、合理的方法进行。

（3）妥善保管仓储物的义务。保管人要按照约定的储存条件和要求保管货物，特别是对于危险品和易腐物品，要按国家和合同规定的要求操作、储存。保管人因保管不当造成仓储物灭失、短少、变质、污染的，应当承担赔偿责任。但是，由于不可抗力或货物本身性质发生的毁损，保管人可以免责。

（4）接受检查的义务。存货人或仓单持有人在储存期间请求检查仓储物或提取样品的，保管人应予以准许。《民法典》第911条规定："保管人根据存货人或者仓单持有人的要求，应当同意其检查仓储物或者提取样品。"保管人具有容忍存货人或者仓单持有人及时检查货物或者提取样品的义务，以便于存货人或者仓单持有人及时了解、知悉货物的有关情况及储存、保管情况，并在发现问题后及时采取措施。

（5）危险通知义务。当货物或外包装上标明有效期或合同上申明有效期的，保管人应在货物临近失效期60天前通知存货人；若发现货物有异样，或因第三人主张权利而起诉或被扣押的，应及时通知存货人。

（6）紧急处置义务。《民法典》第912条规定："保管人发现入库仓储物有变质或者其他损坏的，应当及时通知存货人或者仓单持有人。"《民法典》第913条规定："保管人发现入库仓储物有变质或者其他损坏，危及其他仓储物的安全和正常保管的，应当催告存货人或者仓单持有人作出必要的处置。因情况紧急，保管人可以作出必要的处置；但是，事后应当将该情况及时通知存货人或者仓单持有人。"

### 知识链接　紧急处置

保管人的紧急处置措施必须符合下列条件：

第一，必须是紧急情况，即保管人无法通知存货人、仓单持有人的情况；保管人虽然可以通知，但可能会延误时机的情况。

第二，处置措施必须是有必要的，即货物已经发生变质或其他损坏，并危及其他货物的安全和正常保管。

第三，所采取的措施应以必要的范围为限，即以能够保证其他货物的安全和正常保管为限。

（7）返还仓储物的义务。保管期限届满，保管人应在约定的时间和地点向存货人或仓单持有人返还约定的仓储物。如果保管期限未到，存货人要求返还仓储物的，保管人应及时办理交货手续。当事人对储存期间没有约定或约定不明确的，存货人或仓单持有人可以随时提取仓储物，保管人也可以随时要求存货人或仓单持有人提取仓储物，但应当给予必要的准备时间。

一般来说，仓储合同对储存期间有约定的，在储存期限届满前，保管人不得要求存货人取回仓储物。但是，在存货人要求返还时，保管人不得拒绝返还，但可以就其因此所受到的损失请求存货人赔偿。

> **职业提示**
>
> 保管人应当履行的义务告诉我们从事物流活动应当有敬业精神。敬业精神是一种基于热爱基础上的对工作对事业全身心忘我投入的精神境界，其本质就是奉献的精神。具体地说，敬业精神就是在职业活动领域，树立主人翁责任感、事业心，追求崇高的职业理想；培养认真踏实、恪尽职守、精益求精的工作态度；力求干一行爱一行专一行，努力成为本行业的行家里手；摆脱单纯追求个人和小集团利益的狭隘眼界，具有积极向上的劳动态度和艰苦奋斗精神；保持高昂的工作热情和务实苦干精神，把对社会的奉献和付出看作无上光荣；自觉抵制腐朽思想的侵蚀，以正确的人生观和价值观指导和调控职业行为。

## 二、仓储合同存货人的权利义务

### 1. 存货人的权利

（1）有权要求保管人给付仓单。

（2）有权要求保管人对入库货物进行验收并就不符情况予以通知，保管人未及时通知的，有权认为入库货物符合约定。

（3）有权对入库货物进行检查并提取样品。

（4）保管人没有或者怠于将货物的变质或者其他损坏情形向存货人催告的，存货人有权对因此遭受的损失向保管人请求赔偿。

（5）对保管人未尽妥善储存、保管货物的义务造成的损失，有权要求保管人赔偿。

（6）储存期满，有权凭仓单提取货物。

（7）未约定储存期间的，有权随时提取货物，但应当给予保管人必要的准备时间。

（8）储存期间未满，也有权提取货物，但应当多交仓储费。

### 2. 存货人的义务

（1）按时交付储存货物的义务。存货人要按合同约定的品名、时间、数量向保管人提交储存货物，并向保管人提供必要的入库验收资料。存货人不能全部或部分按合同约定入库时，应承担违约责任；因未提供验收资料或提供的资料不齐全、不及时，造成验收差错及贻误索赔期的，由存货人负责。存货人交付货物有瑕疵或者按货物的性质需要采取特殊保管措施的，应当告知保管人。存货人因过错未告知保管人瑕疵或者特殊保管要求，致使保管人受到损害的，应承担损害赔偿责任。储存易燃、易爆、有毒、有放射性等危险物品或者易腐物品，存货人应当说明货物的性质和预防危险、腐烂的方法，提供有关资料，并采取相应的防范措施。存货人未履行这些义务的，保管人可以拒收该货物；保管人因接收该货物造成的损失，由存货人负责赔偿。

（2）负责包装货物的义务。存货人应按照规定负责货物的包装。包装标准有国家或专业标准的，按国家或专业标准规定执行；没有国家或专业标准的，按双方约定的标准执行。包装不符合国家或合同规定，造成货物损坏、变质的，由存货人负责。

（3）支付报酬和必要费用的义务。仓储合同为有偿合同，因此，存货人在提取货物时应向保管人支付保管费及因保管货物所支出的必要费用。否则，保管人有权对仓储物行使留置权。

① 仓储费，即保管人因其所提供的仓储服务而应取得的报酬。存货人支付仓储费的时间、金额和方式依据仓储合同的约定。仓储费与一般保管费有所不同，当事人通常约定由存货人在交付货物时提前支付，而非等到提取货物时才支付。根据《民法典》第915条的规定，存货人或者仓单持有人逾期提取货物的，应当加收仓储费；而提前提取的，不减收仓储费。

② 其他费用，即为了保护存货人的利益或者避免其损失而发生的费用。例如，存货人所储存的货物发生变质或者其他损坏，危及其他货物的安全和正常保管的，在紧急情况下，保管人可以作出必要的处置，因此而发生的费用，应当由存货人承担。

（4）及时提取货物的义务。存储期限届满，存货人应按合同约定及时提取货物。如果因存货人的原因不能如期提货，存货人应承担违约责任。提前提取货物，除当事人另有约定的外，不减少其仓储费。出库货物由保管人代办运输的，存货人应按合同规定提供有关材料、文件；未及时提供包装材料或未按期变更货物的运输方式、到站、收货人的，存货人应承担延期的责任和增加的费用。储存期间届满，仓单持有人不提取仓储物的，保管人可以催告其在合理期限内提取；逾期不提取的，保管人可以提存该物。保管人在储存期间届满后，在仓单持有人不提取仓储物的情况下，可以在通知的期间内加收仓储费。

（5）对变质或者有其他损坏的货物进行处置的义务。为了确保其他货物的安全和正常的保管活动，当入库货物发生变质或者其他损坏，危及其他货物的安全和正常保管，保管人催告时，存货人或仓单持有人有作出必要处置的义务。对于存货人或仓单持有人的这种处置义务，应当注意以下几点：

① 以能够保证其他货物的安全和正常保管为限；

② 如果保管人对存货人或者仓单持有人对货物的处置要求过高，存货人或者仓单持有人可以拒绝；

③ 如果存货人或者仓单持有人对货物的处置已主动地超过必要的范围，由此而给保管人造成不便或带来损害的，保管人有权要求赔偿；

④ 如果存货人或者仓单持有人怠于处置，则应对这些损失承担赔偿责任。

（6）容忍保管人对变质或者有其他损坏的货物采取紧急处置措施的义务。保管人的职责是储存、保管货物，然而，在货物发生变质或其他损坏，危及其他货物的安全和正常保管，情况紧急时，根据《民法典》第913条的规定，保管人可以作出必要的处置，但事后应当将该情况及时通知存货人或者仓单持有人。在这种情况下，存货人和仓单持有人事后不得对保管人的紧急处置提出异议。

### 三、保管人的责任

（1）存储期间因保管不善造成货物毁损、灭失的，保管人应赔偿损失。存货人将货物储存的目的是使货物得到妥善适当的保管。因此，保管人应按国家有关规定和合同的约定进行保管。在存储期间保管人没有适当履行保管义务而造成货物毁损、灭失的，应承担相应的违约责任。

（2）因货物的性质、包装不符合约定或超过储存期造成货物变质、损坏的，保管人不承担损害赔偿责任。根据传统的交易习惯，货物几乎都是存货人自行包装的，所以，货物在交付之时，均已包装妥当，保管人没有包装的义务，因而不应由其承担因包装不符合约定而造成损失的赔偿责任。但是，如果当事人约定货物入库前由保管人负责包装，则相应的责任由保管人承担。货物超过有效储存期造成货物变质、损坏的，保管人不承担损害赔偿责任。存货人对自己货物的内在品质应有充分考虑，因为货物的内在品质是保管人无法处置的。

### 情境分析

我们已经学习了仓储法律问题的相关知识，下面我们就用这些知识解决情境导入中的问题。

（1）答案参考本书内容。

（2）甲企业要求减少仓储费的要求不合理。《民法典》第915条规定："储存期限届满，存货人或者仓单持有人应当凭仓单、入库单等提取仓储物。存货人或者仓单持有人逾期提取的，应当加收仓储费；提前提取的，不减收仓储费。"所以甲企业要求减少仓储费的要不合理。

（3）乙仓库可以拒绝甲企业提取货物。保管人乙仓库有权要求存货人甲企业按约定支付仓储费和其他费用。甲企业没有按照约定支付仓储费的，乙仓库有权行使留置权。

## 子情境三　分析保税货物仓储法律问题

### 情境导入

深圳某生产电动平衡车的工厂2020年出口到德国的平衡车60万台，产品在使用后出现质量问题，主要是外壳刮花、电机损坏、电路板损坏，平衡车工厂把出现质量问题的1000台平衡车海运到香港，退到深圳出口加工区甲公司保税仓库进行产品检测、维修、更换配件，重新包装后再出口到德国。维修期间50台电动平衡车被盗。平衡车工厂要求甲公司赔偿。

问题：1. 什么是保税仓库？它有什么功能？

　　　2. 电动平衡车在保税仓库被盗，应该如何处理？

### 知识学习

#### 一、保税货物和保税仓库概述

1. 保税货物和保税仓库的含义

保税货物仓储是国际物流中的一项重要内容。其中的法律问题不仅与《民法典》有关，还与国家颁布的口岸法律、法规和政策有关。保税货物是指经过海关批准未办理纳税手续进境，在境内储存、加工、装配后复运出境的货物。

保税仓库是指经海关批准设立的专门存放保税货物及其他未办结海关手续货物的仓库。除所存货物免交关税外，保税仓库还可能提供其他的优惠政策和便利的仓储、运输条件，以吸引外商的货物储存、从事包装等业务。

国际上通行的保税制度是，进境存入保税仓库的货物可暂时免纳进口税款，免领进口许可证或其他进口批件，在海关规定的存储期内复运出境或办理正式进口手续。1988年我国加入了《关于简化和协调海关业务制度的国际公约》。我国还陆续颁布了《中华人民共和国海关法》《中华人民共和国海关对保税仓库及所存货物的管理规定》等法律法规，对保税货物的仓储提出了许多具体要求。

### 2．保税仓库的功能

保税仓库的功能比较单一，主要是货物的保税储存，一般不进行加工制造和其他贸易服务。除另有规定外，货物存入保税仓库，在法律上意味着在全部储存期间暂缓执行该货物投入国内市场时应遵循的法律规定，即这些货物仍被看作处于境外。如果货物从保税仓库提出而不复运出境，则将被当作直接进口的货物对待。保税仓库内的货物在海关规定的存储期内未复运出境的，也需要办理正式的进口手续。

> **知识链接**
>
> 根据《中华人民共和国海关对保税仓库及所存货物的管理规定》第5条，下列保税货物及其他未办结海关手续的货物，可以存入保税仓库：
> （一）加工贸易进口货物；
> （二）转口货物；
> （三）供应国际航行船舶和航空器的油料、物料和维修用零部件；
> （四）供维修外国产品所进口寄售的零配件；
> （五）外商暂存货物；
> （六）未办结海关手续的一般贸易货物；
> （七）经海关批准的其他未办结海关手续的货物。

## 二、设立保税仓库的条件

保税仓库是经海关核准的专门存放保税货物的专门仓库。设立保税仓库应具备以下条件：
（1）经工商行政管理部门注册登记，具有企业法人资格；
（2）具有专门存储保税货物的营业场所；
（3）符合海关对保税仓库布局的要求；
（4）具备符合海关监管要求的隔离设施、监管设施和办理业务必需的其他设施；
（5）具备符合海关监管要求的保税仓库计算机管理系统并与海关联网；
（6）具备符合海关监管要求的保税仓库管理制度。

## 三、申请保税仓库的程序

仓库经营者向海关申请设立保税仓库应履行以下手续：
（1）经营人应持工商行政管理部门颁发的营业执照；如果是租赁仓库，还应提供仓库经营人的营业执照。
（2）申请人填写保税仓库申请书，包括仓库名称、地址、负责人、管理人员、储存面积、存放何种保税货物等项目。
（3）交验外经贸主管部门批准经营有关业务的批文。

（4）向海关提供其他资料。

海关审核仓库经营人提交的有关文件并派员实地调查后，对符合要求的，批准其设立保税仓库，颁发《保税仓库注册登记证书》。

### 四、对保税仓库的日常监管

（1）海关对保税仓库实施计算机联网管理，并可以随时派员进入保税仓库检查货物的收、付、存情况及有关账册。海关认为必要时，可以会同保税仓库经营企业双方共同对保税仓库加锁或者直接派员驻库监管，保税仓库经营企业应当为海关提供办公场所和必要的办公条件。

（2）保税仓库中不得对所存货物进行加工。如需改变包装，必须在海关监管下进行。

（3）保税仓库不得转租、转借给他人经营，不得下设分库。

（4）保税仓库经营企业应当如实填写有关单证、仓库账册，真实记录并全面反映其业务活动和财务状况，编制仓库月度收、付、存情况表，并定期报送主管海关。

### 五、保税仓库所存货物的管理

经海关批准暂时进口或暂时出口的货物，以及特准进口的保税货物，在收货人或发货人向海关缴纳相当于税款的保证金或者提供担保后，准予暂时免缴关税。海关根据货物的进口或出口情况，再决定征税或免税。因此，出入保税仓库的货物需要进行申报。

> **职业提示**
>
> 　　成本意识的本质是"资源智慧"，人们在投入时间、资源、金钱之前会权衡利弊，这一思维帮助我们在复杂世界中做出更加清醒的选择。这种思维不仅是个人成功的基石，更是构建节约型社会、应对全球资源挑战的关键环节。树立成本意识，能够培养我们的理性决策能力，提升职业竞争力。

#### （一）保税仓库货物的入库监管

保税仓库货物的进口分为三种情况：

（1）在保税仓库所在地海关入境。货主或其代理人应当填写进口货物报关单一式三份，加盖"保税仓库货物"印章，并注明此货物将要存入的保税仓库，向海关申报，经海关查验放行后，一份由海关留存，另两份随货交保税仓库。保税仓库的业务人员应在货物入库后将货物与报关单进行核对，并在报关单上签收，其中一份留存，一份交回海关存查。

（2）在非保税仓库所在地海关入境。货主在保税仓库所在地以外的其他口岸进口货物，应按海关对转关运输货物的规定办理转关运输手续。货物运抵后再按上述规定办理入库手续。

（3）自用的生产、管理设备的进口。保税仓库经营单位进口供仓库自己使用的设备、装置和用品，如货架、搬运、起重、包装设备，运输车辆，办公用品及其他管理用具，均不属于保税货物，进口时应按一般贸易办理进口手续并缴纳进口税款。

#### （二）保税货物的储存监管

（1）储存期限。保税仓库所存货物储存期限为1年。如有特殊情况可向海关申请延期，但延期最长不得超过1年。保税货物储存期满仍未转为进口也不复运出境的，由海关将货物变卖。所得价款在扣除运输、装卸、储存等费用和税款后，尚有余款的，自货物变卖之日起1年内，经收货人申请，予以发还；逾期无人申请的，上缴国库。

（2）货物的加工与使用。保税仓储货物可以进行包装、分级分类、加刷唛码、分拆、拼装等简单加工，不得进行实质性加工。保税仓储货物，未经海关批准，不得擅自出售、转让、抵押、质押、留置、移作他用或者进行其他处置。

（3）货物的灭失、短少。保税仓库所存货物在储存期间发生短少，除由于不可抗力的原因造成的外，其短少部分应当由保税仓库经理人承担缴纳税款的责任，并由海关按有关规定进行处理。由此产生的货物灭失、损坏的民事责任按一般仓储处理。

（4）货物的查验。海关可随时派员进入保税仓库检查货物储存情况，查阅有关仓库账册，必要时可派员驻库监管。保税仓库经营单位应给予协作配合，并提供便利。

（5）货物的存放。保税仓库必须专库专用，保税货物不得与非保税货物混合堆放。加工贸易备料保税仓库的入库货物仅限于该加工贸易经营单位本身所需的加工生产料件，不得存放本企业从事一般贸易进口的货物，或与加工生产无关的以及其他企业的货物。

### （三）保税仓库货物的出库监管

（1）原货物复运出口。存入保税仓库的货物在规定期限内复运出境时，货物所有人或其代理人应向保税仓库所在地的主管海关申报，填写出口货物报关单，并提交货物进口时经海关签章确认的进口报关单。经主管海关核实后予以验放或按照转关运输管理办法，将有关货物运至出境地海关验放出境。复出境手续办理后，海关在一份出口报关单上加盖印章，退还货物所有人或其代理人，作为保税仓库货物核销依据。

（2）用于加工贸易的货物。从保税仓库提取货物用于进料加工、来料加工项目的，经营加工贸易的单位应首先按照进料加工或来料加工的程序办理审批。经营加工贸易的单位持海关核发的登记手册，向保税仓库所在地主管海关办理保税仓库提货手续，填写进料加工或来料加工专用进口货物报关单。需要确定其贸易性质为进料加工或来料加工时，应补填进口货物报关单和保税仓库领料核准单。

（3）保税货物经海关核准转为国内市场销售时，由货主或其代理人向海关递交进口货物许可证件、进口货物报关单和海关需要的其他单证，并缴纳关税和产品税或工商统一税后，由海关签印放行，将原进口货物报关单注销。出库保税仓储货物批量少、批次频繁的，经海关批准可以办理集中报关手续。

（4）对从来料加工、进料加工备料保税仓库提取的货物，货主应事先持批准文件、合同等有关单证向海关办理备案登记手续，并填写来料加工、进料加工专用报关单和保税仓库领料核准单一式三份，一份由批准海关备存，一份由领料人留存，一份由海关签盖放行章后交货主。仓库经理人凭海关签印的领料核准单交付有关货物，并凭此向海关办理核销手续。对提取用于来料加工、进料加工的进口货物，海关按来料加工、进料加工的规定进行管理并按实际加工出口情况确定免税或补税。

情境三　依法开展物流仓储活动

> **知识链接**
>
> 根据《中华人民共和国海关对保税仓库及所存货物的管理规定》第 23 条规定，下列保税仓储货物出库时依法免征关税和进口环节代征税：
> （一）用于在保修期限内免费维修有关外国产品并符合无代价抵偿货物有关规定的零部件；
> （二）用于国际航行船舶和航空器的油料、物料；
> （三）国家规定免税的其他货物。

**情境分析**

我们已经学习了保税货物仓储法律问题的相关知识，下面我们就用这些知识解决"情境导入"中的问题。

（1）答案参考本书内容。

（2）根据《中华人民共和国海关对保税仓库及所存货物的管理规定》，保税仓库所存货物在储存期间发生短少，除由于不可抗力的原因造成的外，其短少部分应当由保税仓库经理人承担缴纳税款的责任，并由海关按有关规定进行处理。由此产生的货物灭失、损坏的民事责任按一般仓储处理。所以，甲公司除了补缴被盗电动平衡车的税款外，还应当承担违约责任，赔偿电动平衡车工厂的损失。

## 闯关考验

### 一、单项选择题

1. 关于仓单的性质，下列说法不正确的是（　　）。
   A. 仓单是提货凭证　　　　　　　　B. 仓单是有价证券
   C. 仓单是所有权的法律文书　　　　D. 仓单是仓储合同

2. 关于仓单的效力，下列说法不正确的是（　　）。
   A. 提取仓储物　　　　　　　　　　B. 转移仓储物所有权
   C. 出质　　　　　　　　　　　　　D. 设立动产质押

3. 下列不属于存货人权利的有（　　）。
   A. 提货权　　　B. 转让权　　　C. 提存权　　　D. 索偿权

4. 甲公司将一批榴梿交乙仓库保管，乙仓库将该批榴梿与丙公司委托其保管的茶叶装在同一仓库，导致茶叶串味。丙公司的损失（　　）。
   A. 应要求甲公司赔偿　　　　　　　B. 应要求乙仓库赔偿
   C. 应要求甲乙公司承担连带责任　　D. 应自行承担

5. 保税仓库所存货物储存期限为（　　）。
   A. 1 年　　　　B. 半年　　　　C. 三个月　　　D. 60 日

## 二、多项选择题

1. 关于仓储合同的表述，正确的是（　　　）。
   A. 仓储合同是有偿的、诺成性合同
   B. 仓储合同成立时生效
   C. 仓储合同所保管的物品是特定物或特定化的种类物
   D. 仓储合同一般是格式合同

2. 仓储合同和保管合同的区别在于（　　　）。
   A. 仓储合同是有偿合同，保管合同可以是有偿的也可以是无偿的
   B. 仓储合同是诺成合同，保管合同是实践合同
   C. 仓储合同主体有一定的特殊性，保管合同主体法律未作限制
   D. 仓储合同标的物为动产，保管合同标的物未作规定

3. 仓储合同的内容包括（　　　）。
   A. 仓储物的数量、质量、包装、件数和标记
   B. 仓储物的储存期间、保管要求和保管条件
   C. 仓储物进出库手续、时间、地点和运输方式
   D. 仓储物的损耗标准和损耗处理

4. 下列（　　　）是保管人的权利。
   A. 收取仓储费的权利　　　　B. 紧急情况下处置仓储物的权利
   C. 留置仓储物的权利　　　　D. 将仓储物提存的权利

5. 下列属于存货人义务的有（　　　）。
   A. 支付仓储费的义务　　　　B. 及时提取仓储物的义务
   C. 紧急处置义务　　　　　　D. 包装义务

6. 下列属于保管人义务的有（　　　）。
   A. 紧急处置义务　　　　　　B. 接受检查义务
   C. 危险通知义务　　　　　　D. 给付仓单义务

7. 下列（　　　）保税货物，可以存入保税仓库。
   A. 转口货物
   B. 供应国际航行船舶和航空器的油料、物料和维修用零部件
   C. 加工贸易进口货物
   D. 供维修外国产品所进口寄售的零配件

8. 设立保税仓库应具备以下条件（　　　）。
   A. 经工商行政管理部门注册登记，具有企业法人资格
   B. 具有专门存储保税货物的营业场所
   C. 符合海关对保税仓库布局的要求
   D. 具备符合海关监管要求的保税仓库管理制度

9. 关于保税仓库的说法，正确的是（　　　）。
   A. 货物的保税储存
   B. 可以用来加工制造

C. 开展贸易服务
D. 保税仓库内的货物仍被看作处于境外
10. 关于保税仓库货物的说法，正确的是（　　　　）。
A. 保税仓储货物不得进行实质性加工
B. 保税货物不得与非保税货物混合堆放
C. 除不可抗力原因造成的外，保税仓储货物灭失短少也要缴纳税款
D. 保税仓储货物不得擅自处置

### 三、简述题

1. 简述物流企业在仓储活动中的法律地位。
2. 简述仓储合同的法律特征。
3. 简述仓单的法律性质和效力。
4. 简述仓储合同当事人的权利、义务及保管人的责任。

### 四、技能训练

甲公司为某精肉生产商，乙公司为某物流服务商，专为甲公司等几家精肉生产商提供精细包装、仓储和定时配送服务。2021年6月2日，乙公司将甲公司已加工好的猪肉进行包装完毕后存入其第7号冷库储存。同年6月4日，乙公司要扩建仓库通道，通道暂行阻塞，便打开7号冷库前后门，时间长达两个小时，在温度超标准很长一段时间后才关闭前后门并强行降温。6月8日，当甲公司派人查看猪肉时发现包装纸箱上有水珠，猪肉表面有黄斑点，甲公司速将猪肉取样送市卫生防疫站化验，结果表明肉质软化，缺乏光泽，有酸味，肉质严重下降。乙公司为了避免纠纷，同意减少仓储费2000元，并以每吨6000元的价格买下全部存货以由其负责处理。甲公司为了从速处理冻肉，防止继续变质，同意了这种办法，收回货款50000元，但仍造成经济损失10000元。猪肉处理完毕后，甲公司要求乙公司赔偿损失，双方为此发生了纠纷。乙声称其已收购了甲公司的猪肉，而因此承担了大部分损失，问题已经解决，甲公司再要求赔偿没有道理。甲公司则认为，将猪肉卖给乙公司是为了防止损失继续扩大，乙公司的违约责任并未解除。

将同学按4～6人一组进行分组，每组派一人专门记录，然后完成以下实训。

（一）案例分析

甲公司的经济损失应该由谁来承担？为什么？

（二）实践提升

根据仓储合同的内容和仓储合同当事人的权利义务，以小组为单位为甲、乙公司起草一份仓储合同并展示。

仓储法律纠纷案例

# 情境四
# 依法开展货物装卸搬运活动

## 篇首语

　　装卸主要指物体上下方向的移动,搬运主要指物体横向或斜向的移动。正是装卸搬运活动把物流各个阶段连接起来,使之成为连续的流动的过程。《"十四五"现代物流发展规划》提出新的目标:"现代物流发展制度环境更加完善。物流标准规范体系进一步健全,标准化、集装化、单元化物流装载器具和包装基础模数广泛应用。"良好的物流发展制度环境对物流活动的开展有积极的促进作用,装卸搬运作业包括港口装卸搬运作业、集装箱码头装卸搬运作业、铁路和公路装卸搬运作业,涉及港站经营人制度、物流企业在港口装卸搬运作业中的规则、物流企业在集装箱码头装卸搬运作业中的规则、物流企业在铁路和公路装卸搬运作业中的规则,这些规则共同构成装卸搬运作业制度体系,为装卸搬运活动顺利开展保驾护航。

## 学习目标

**知识目标:**

- 掌握物流企业在港口、集装箱码头装卸搬运作业中的义务。
- 理解集装箱货物装、拆箱人的责任和物流企业在货物装卸作业中的义务。
- 掌握物流企业在铁路、公路装卸搬运作业中应遵守的作业规则。

**能力目标:**

- 能够根据物流企业在港口装卸搬运作业中的义务分析相关法律问题。
- 能够根据物流企业在集装箱码头装卸搬运中的义务分析相关法律问题。
- 能够根据物流企业在铁路、公路装卸搬运中应遵守的作业规则分析相关法律问题。

**素质目标:**

- 学习物流企业在港口装卸搬运作业中的义务,培养工匠精神。
- 学习物流企业在铁路装卸搬运作业中应遵守的作业规则,养成绿色装卸搬运意识。

物流法律法规

## 知识导图

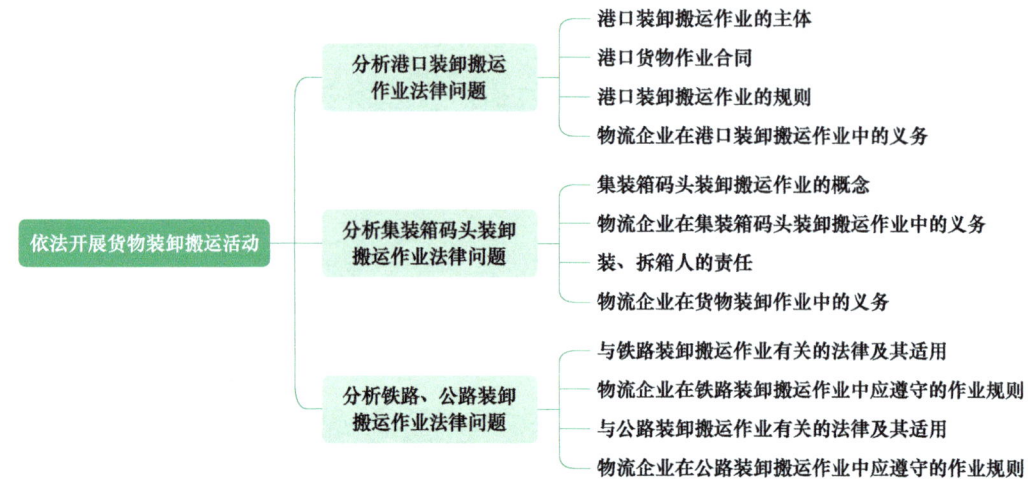

## 子情境一 分析港口装卸搬运作业法律问题

### 情境导入

某物流公司接受客户委托，代为在港口对从日本进口的集装箱货物进行拆箱取货，以便送到用户手中。事先，物流公司知道箱内装有精密贵重的设备，故挑选了比较有经验的装卸工人承担这一任务。当铲车工人用铲车将该箱货物铲出时，由于箱子比较宽，未能全面置于叉面上，同时箱子的重心也不在中间，而偏在悬空的一侧。结果车铲下落时，货箱向外倾倒。在铲车工人采取有效措施之前，箱子摔落在地上，致使该设备遭受严重损害。

问题：1. 港口装卸搬运作业的主体有哪些？
2. 案例中物流公司在港口装卸搬运作业中有哪些义务？
3. 该损失应该由谁来承担？为什么？

### 知识学习

#### 一、港口装卸搬运作业的主体

港口装卸搬运作业的主体可以是物流企业也可以是港口经营人。

（一）物流企业

**1. 物流企业根据合同亲自完成装卸搬运活动**

根据物流服务合同的要求，物流企业需要亲自完成装卸搬运活动时，其在装卸搬运过程中即处于装卸搬运经营人的地位。它所享有的权利和应承担的义务由物流服务合同确定，当物流服务合同没有约定装卸搬运条款时，适用《民法典》等相关法律，并受装卸搬运作业规则的约束。

### 2. 物流企业不亲自完成装卸搬运活动

为完成物流服务合同规定的装卸搬运义务，物流企业会委托一些专业装卸搬运企业进行装卸搬运。此时，物流企业处于装卸搬运作业委托人的地位，物流企业根据物流服务合同、装卸搬运作业合同等享有权利承担义务。合同中没有规定的，适用《民法典》等相关法律，并受装卸搬运作业规则的约束。

## （二）港口经营人

装卸搬运是港口货物作业的主要内容，当物流企业不亲自实施货物装卸搬运作业时，需要与专业的装卸搬运公司就港口货物装卸搬运事宜签订港口货物作业合同。一般情况下，港口的专业装卸搬运公司就是港口经营人。此时，港口经营人与物流企业形成委托关系，港口经营人进行装卸搬运活动适用《民法典》《港口法》等法律法规及行业规则的约束。

港口经营人是指接受货主、承运人或其他当事人的委托，在港口对水路运输货物提供或安排堆存、包装、存储、搬运、装卸、积载、平舱、隔垫、绑扎等有关服务的人。

## 二、港口货物作业合同

### （一）港口货物作业合同的概念

港口货物作业合同是指港口经营人在港口对水路运输的货物进行装卸、驳运、储存、装拆集装箱等作业，作业委托人支付作业费用的合同。港口经营人是指接受货主、承运人或其他当事方的委托，在港口对水路运输货物提供或安排堆存、包储、搬运、装卸、积载、平舱、隔垫、绑扎等有关服务的人。

当物流企业不亲自实施货物的装卸搬运作业时，即需要与专业的装卸搬运公司就某一港口的货物装卸搬运签订作业合同，该合同即属于港口货物作业合同。

> **知识链接**
>
> （1）港口作业一般包括三方面内容：一是为船舶提供相应的服务，如锚泊、靠泊及进行其他作业；二是为货物的通过提供相应的服务，如装卸、储存、驳运及相关的服务；三是为旅客提供上下船和候船的服务。其中，只有港口货物作业才是《港口货物作业规则》所调整的内容。
>
> （2）"水路运输"应作广义的理解，即不仅包括国内水路货物运输，也包括国际海上货物运输。
>
> （3）港口作业的内容包括装卸、驳运、储存、装拆箱，水上过驳和换装货物的分拣、混合、制作标志、更换包装、拆包、捆绑、加固，以及水路货物运输所需的其他各项服务。其中装卸、驳运、储存和装拆集装箱是最主要的作业项目。四项之外的其他作业虽未一一列出，但同样也包括其中。

### （二）港口货物作业合同的主要内容和形式

#### 1. 港口货物作业合同的主要内容

（1）作业委托人、港口经营人和货物接收人名称；

(2)作业项目;

(3)货物名称、件数、重量、体积(长、宽、高);

(4)作业费用及其结算方式;

(5)货物交接的地点和时间;

(6)包装方式;

(7)识别标志;

(8)船名、航次;

(9)起运港(站、点)(以下简称起运港)和到达港(站、点);

(10)违约责任;

(11)解决争议的方法。

以上的合同条款并不是每个作业合同都必须订立的条款。根据合同的规定,除合同成立所必需的条款外,缺少其他的条款并不会影响合同的效力。

### 2. 港口货物作业合同的形式

港口货物作业合同可以采用口头形式、书面形式或其他形式。但是,由于口头合同在操作上的不便,在实践中应该尽量避免,以防止遭受不必要的损失或者产生不必要的纠纷。

## 三、港口装卸搬运作业的规则

### 1. 港口经营人在港口装卸搬运作业中的义务

(1)作业条件。港口经营人应当按照作业合同的约定,根据作业货物的性质和状态,配备适合的机械、设备、工具、库场,并使之处于良好状态。

(2)接收货物。港口经营人应当按照作业合同的约定接收货物,除另有约定外,散装货物按重量交接;其他货物按件数交接。接收货物后应当签发用以确认接收货物的收据。单元滚装货物作业以及货物在运输方式之间立即转移的,不适用该规定。

(3)保管货物。港口经营人应当妥善地保管和照料作业货物。经对货物的表面状况检查,发现有变质、滋生病虫害或者其他损坏,应当及时通知作业委托人或者货物接收人。

(4)单元滚装运输作业。港口经营人应当提供适合滚装运输单元候船待运的停泊场所、上下船舶和进出港的专用通道;保证作业场所的有关标识齐全、清晰,照明良好;配备符合规范的运输单元司乘人员及旅客的候船场所。旅客与运输单元上下船和进出港的通道应当分开。

(5)交付货物。港口经营人应当按照作业合同的约定交付货物。

### 2. 港口经营人在港口搬运装卸危险货物作业中的义务

(1)从事港口作业的企业,应当按照安全管理制度和操作规程组织危险货物港口作业。

(2)从事危险货物港口作业的人员应当按照企业安全管理制度和操作规程进行危险货物的操作。

(3)从事危险货物港口作业的企业,应当对危险货物包装进行检查,发现包装不符合国家有关规定的,不得予以作业,并应当及时通知作业委托人处理。

(4)爆炸品、压缩气体和液化气体、易燃液体、易燃固体、自燃物品和遇湿易燃物品的港口作业,企业应当划定作业区域,明确责任人员并实行封闭式管理。作业区域应当设置明显标志,禁止无关人员进入和无关船舶停靠。作业期间严禁烟火,杜绝一切火源。

## 四、物流企业在港口装卸搬运作业中的义务

### （一）物流企业自行进行港口装卸搬运作业时所应承担的义务

物流企业在自行进行港口装卸搬运作业时，根据物流服务合同的约定承担义务，其中包括：

（1）按照作业合同的约定，根据作业货物的性质和状态，配备适合的机械、设备、工具、库场，并使之处于良好的状态。

（2）在单元滚装装卸作业中，物流企业应当提供适合滚装运输单元候船待运的停泊场所、上下船舶和进出港的专用通道；保证作业场所的有关标志齐全、清晰、照明良好；配备符合规范的运输单元司乘人员及旅客的候船场所。旅客与运输单元上下船和进出港的通道应当分开。

（3）按照合同的要求进行装卸搬运作业。

### （二）物流企业委托他人进行港口装卸搬运作业时所应承担的义务

不具有港口装卸搬运能力的物流企业，在进行装卸搬运时，可能作为委托人与港口经营人签订港口货物作业合同，根据作业合同规定，具有下列义务：

（1）及时办理港口装卸搬运作业所需的各种手续，因办理各项手续和有关单证不及时、不完备或者不正确，造成港口经营人工作时间延误或其他损失的，物流企业应当承担赔偿责任。

（2）对有特殊装卸搬运要求的货物，应当与港口经营人约定货物装卸搬运的特殊方式和条件。

（3）以件为单位进行装卸搬运的货物，港口经营人验收货物时，发现货物的实际重量或者体积与物流企业申报的重量或者体积不符时，物流企业应当按照实际重量或者体积支付费用并向港口经营人支付衡量费用。

（4）对危险货物的装卸搬运作业，物流企业应当按照有关危险货物运输的规定妥善包装，制作危险品标志和标签，并将其正式名称和危害性质以及必要时应当采取的预防措施书面通知港口经营人。

（5）物流企业未按照上述第4条的规定通知港口经营人或者通知有误的，港口经营人可以在任何时间、任何地点，根据情况需要停止装卸搬运作业、销毁货物或者使之不能为害，而不承担赔偿责任。物流企业对港口经营人作业此类货物所受到的损失，应当承担赔偿责任。港口经营人知道危险货物的性质并且已同意作业的，仍然可以在该项货物对港口设施、人员或者其他货物构成实际危险时，停止作业、销毁货物或者使之不能为害，而不承担赔偿责任。

（6）作业合同约定港口经营人从第三方接收货物进行装卸搬运作业的，物流企业应当保证第三方按照作业合同的约定交付货物。

> **职业提示**
>
> 工匠精神对大学生的意义深远且多元，它不仅是一种职业态度，更是一种人生哲学。在竞争激烈、信息快速更迭的当代社会，工匠精神所倡导的专注、精益、创新与责任感，能够帮助大学生在学业、职业和个人成长中建立核心竞争力。青岛港集装箱桥吊司机许振超立足本职，干一行、爱一行、精一行，练就了"一钩准""一钩净""无声响操作"等绝活，正是践行工匠精神的典范。

物流法律法规

> 🎓 **情境分析**

我们已经学习了港口装卸搬运作业法律问题的相关知识，下面我们就用这些知识解决"情境导入"中的问题。

（1）港口装卸搬运作业的主体有物流企业和港口经营人。

（2）案例中物流公司自行进行港口装卸搬运作业时，应承担的义务包括：

① 按照作业合同的约定，根据作业货物的性质和状态，配备适合的机械、设备、工具、库场，并使之处于良好的状态。

② 在单元滚装装卸作业中，物流企业应当提供适合滚装运输单元候船待运的停泊场所、上下船舶和进出港的专用通道；保证作业场所的有关标志齐全、清晰、照明良好；配备符合规范的运输单元司乘人员及旅客的候船场所。旅客与运输单元上下船和进出港的通道应当分开。

③ 按照合同的要求进行装卸搬运作业。

（3）该损失应由物流公司承担。物流公司自行进行港口装卸搬运作业时，应根据作业货物的性质和状态，配备适合的机械、设备、工具、库场，并使之处于良好的状态。案例中"由于箱子比较宽，未能全面置于叉面上，同时箱子的重心也不在中间，而偏在悬空的一侧"，可知物流公司选择设备工具不当，因此要承担损失。

## 子情境二　分析集装箱码头装卸搬运作业法律问题

> ✅ **情境导入**

祥泰公司将装载大米的 6 个集装箱委托鸿途物流公司由哈尔滨通过铁路托运到大连，集装箱在大连站卸车后再通过水路运抵交货地烟台。集装箱在大连装船后，船公司又签发了以鸿途物流公司为托运人的海运提单，提单记载装船港大连、卸船港烟台。鸿途物流公司将集装箱在大连港装船时，6 个集装箱中有 1 个外表状况有较严重破损，鸿途物流公司在大连港的代理与船方代理对此破损做了记录，并由双方在破损记录上共同签字。集装箱在运抵烟台后，收货人开箱时发现外表有破损的集装箱内大米已严重受损。

问题：1. 鸿途物流公司在集装箱码头装卸搬运中有哪些义务？

2. 收货人的损失应由谁承担？

> 🔗 **知识学习**

### 一、集装箱码头装卸搬运作业的概念

集装箱码头装卸搬运作业是指集装箱船舶装卸时以及集装箱船舶装卸作业前所进行的一系列作业，主要包括集装箱装卸船作业、堆场作业、货运站作业。集装箱装卸船作业是指将集装箱装上卸下船舶的作业；堆场作业是指对集装箱在堆场内进行装卸搬运等的作业；货运站作业是指集中、分散集装箱的作业。

## 二、物流企业在集装箱码头装卸搬运作业中的义务

与普通港口装卸搬运作业相比较，物流企业在集装箱码头装卸搬运作业中有一些特殊的义务。

### 1．物流企业亲自进行集装箱码头装卸搬运作业应承担的义务

（1）应使装卸机械及工具、集装箱场站设施处于良好的技术状况，确保集装箱装卸、运输和堆放安全。

（2）物流企业在装卸过程中应做到：稳起稳落、定位放箱，不得拖拉、甩关、碰撞；起吊集装箱要使用吊具，使用吊钩起吊时，必须四角同时起吊，起吊后，每根吊索与箱顶的水平夹角应大于45°；随时关好箱门。

（3）物流企业当发现集装箱货物有碍装卸运输作业安全时，应采取必要的处置措施。在港口装卸过程中因操作不当造成箱体损坏，封志破坏，箱内货物损坏、短缺的，应负赔偿责任。

### 2．物流企业委托他人进行集装箱码头装卸搬运作业所承担的义务

（1）物流企业委托他人进行港口集装箱装卸搬运作业应填制港口集装箱作业委托单。

（2）物流企业委托他人进行港口集装箱装卸搬运作业过程中应保证货物的品名、性质、数量、重量、体积、包装、规格与委托作业单记载相符。委托作业的集装箱货物必须符合集装箱装卸运输的要求，其标志应当明显清楚。由于申报不实给港口经营人造成损失的，物流企业应当负责赔偿。

## 三、装、拆箱人的责任

在集装箱码头的搬运作业过程中，大部分业务都会涉及对货物的拼箱和装箱，所以集装箱货物的装卸作业是集装箱码头装卸搬运作业的重要组成部分。根据《港口货物作业规则》的规定，装、拆箱需要签订装、拆箱合同以明确相关人员的责任。订立装、拆箱合同通常采用书面形式，由委托方注明装、拆箱作业注意事项。委托装、拆箱作业的货物品名、性质、数量、重量、体积、包装、标志、规格必须与"集装箱货物运单"记载的内容相符。

### 1．装箱前的责任

装箱人装箱前，应按规定认真检查箱体，不得使用不适合装运货物的集装箱。因对箱体检查不严，导致货物损失的由装箱人负责。

对于有两个以上收货人或两种以上货物需要拼装一箱时，装箱人应填写"集装箱货物装箱单"。

### 2．装箱时的责任

装箱人在装箱时要做到：

（1）货物堆码必须整齐、牢固，防止货物移动及开门时倒塌。

（2）性质互抵、互感的货物不得混装于同一箱内。

（3）要合理积载，大件不压小件，木箱不压纸箱，重货不压轻货，箭头朝上，力求箱底板及四壁受力均衡。

（4）集装箱受载不得超过其额定的重量。

由于装箱不当，造成经济损失的，装箱人应负赔偿责任。装、拆箱时不得损坏集装箱及其部件，如有损坏则由装、拆箱人负责赔偿。

### 3. 装箱后的责任

（1）装箱人装箱后负责施封，凡封志完整无误，箱体状况完好的重箱，拆箱开箱后如发现货物损坏或短缺，由装箱人承担责任。

（2）整箱交付的集装箱货物需要在卸货港拆箱的，必须有收货人参加。集装箱拆空后，由拆箱人负责清扫干净，并关好箱门。

## 四、物流企业在货物装卸作业中的义务

集装箱中的货物由装箱到拆箱，要经过运输过程。在这个过程中会产生振荡、颠簸摇晃。因此，虽然集装箱是坚固的，但内部的货物却可能由于以上的原因而损坏。因此，集装箱中货物的正确积载就十分重要。对此，物流企业应继续承担相应的义务，以保证货物安全。

### 1. 装载货物的集装箱应具备的条件

（1）集装箱应符合国际标准化组织的标准。

（2）集装箱四柱、六面、八角完好无损。

（3）集装箱各焊接部位牢固。

（4）集装箱内部清洁、干燥、无味、无尘；集装箱不漏水、不漏光。

### 2. 在货物进行装箱之前物流企业应该做的检查

（1）外部检查。对集装箱进行六面查看，外部是否有损伤、变形、破口等异常现象，如果发现这些现象，应该及时进行维修。

（2）内部检查。对集装箱的内侧进行查看，查看是否漏水、漏光，是否有污点、水迹等；箱门检查，箱门是否完好，是否能够270°开启。

（3）查看集装箱是否清洁。

（4）查看集装箱的附属件，检查附属件是否齐备，是否处于正常工作状态中。

### 3. 物流企业对集装箱货物进行积载时的注意事项

（1）集装箱内所载的货物不能超过集装箱所能承受的最大重量。

（2）根据货物的性质、体积、质量、包装强度的不同安排积载。

（3）集装箱内应当均匀分布重量，并根据货物包装的强度决定堆码的层数。

（4）注意不同货物的物理及化学性能，避免发生污染和串味。

> **职业提示**
>
> 　　规则意识，是指发自内心的、以规则为自己行动准绳的意识。规则意识包括三个层次：第一是指关于规则的知识，在从事集装箱码头装卸搬运作业过程中，要掌握集装箱码头装卸搬运作业规则知识；第二，要有遵守规则的愿望和习惯，在从事集装箱码头装卸搬运作业过程中，要养成遵守装卸搬运作业规则的习惯；第三，遵守规则成为人的内在需要，即使在无人监督的情况下从事集装箱装卸搬运作业，也要将遵守集装箱装卸搬运作业规则作为个人的内在需要，严格按照规则做事。

情境四　依法开展货物装卸搬运活动

### 情境分析

我们已经学习了集装箱码头装卸搬运作业法律问题的相关知识，下面我们就用这些知识解决"情境导入"中的问题。

（1）鸿途物流公司应承担的义务：

①应使装卸机械及工具、集装箱场站设施处于良好的技术状况，确保集装箱装卸、运输和堆放安全。

②物流企业在装卸过程中应做到：稳起稳落、定位放箱，不得拖拉、甩关、碰撞；起吊集装箱要使用吊具，使用吊钩起吊时，必须四角同时起吊，起吊后，每条吊索与箱顶的水平夹角应大于45°；随时关好箱门。

③物流企业当发现集装箱货物有碍装卸运输作业安全时，应采取必要的处置措施。在港口装卸过程中因操作不当造成箱体损坏，封志破坏，箱内货物损坏、短缺的，应负赔偿责任。

（2）收货人的损失应由鸿途物流公司承担。

## 子情境三　分析铁路、公路装卸搬运作业法律问题

### 情境导入

某日用化工品生产厂购进一批浓硫酸等具有腐蚀性的原料，这些原料有的用强化玻璃瓶装载，有的用密封硬塑料桶承载。该化工品生产厂与某物流公司签订合同，明确告知了所运输商品的详细情况，物流公司采用内层为普通钢材质制成的厢式货车运输该批货物。在运输途中，路途颠簸，个别玻璃瓶和塑料桶破损，浓硫酸等具有腐蚀性的原料流入车厢内。由于车厢材料为普通钢，所以被浓硫酸腐蚀，造成厢体、车体部分损坏。物流公司要求化工品生产厂赔偿损失。

问题：1. 物流公司在公路装卸搬运作业中应遵守哪些作业规则？

2. 你认为化工品生产厂有责任赔偿物流公司的损失吗？

### 知识学习

#### 一、与铁路装卸搬运作业有关的法律及其适用

同其他物流环节涉及的法律规范相同，铁路装卸搬运法律规范也是散布在各个法律规范中的。在法律层次上，《民法典》《铁路法》中的许多规定都适用于铁路装卸搬运。在部门规章中，国家铁路局颁布了《铁路货物装卸安全技术规则》《铁路货物装载加固规则》《铁路货运检查管理规则》等。除此之外，还存在着各种国家标准，如《铁路装卸作业标准》等。与铁路装卸搬运作业有关的法律适用原则同港口装卸搬运的法律适用原则是相同的。

## 二、物流企业在铁路装卸搬运作业中应遵守的作业规则

### （一）装车的规则

#### 1. 装车前的规则

装车前，应该认真检查车体（包括透光检查）、车门、车窗、盖阀是否完整良好；认真核对待装货物品名、件数，检查标志、标签和货物状态；对集装箱还应检查箱内装载情况，检查箱体、箱号和封印。

#### 2. 装车时的规则

装车时，必须核对运单、货票、实际货物，保证运单、货票、货物统一，要认真监装。对易磨损货物应采取防磨损措施，怕湿和易燃货物应采取防潮或防火措施。装车过程中要严格按照《铁路货物装卸安全技术规则》有关规定办理，对货物装载数量和质量要进行检查。

对以敞、平车装载的需要加固的货物，有定型方案的，严格按照方案装车；无定型方案的，车站应制定装载加固方案，并按审批权限报批，按批准方案装车。装载散堆装货物，顶面应予平整。对自轮运转的货物、无包装的机械货物，车站应要求托运人将货物的活动部位予以固定，以防止脱落或侵入限界。

#### 3. 装车后的规则

装车后，认真检查车门、车窗、盖、阀的关闭及拧固和装载加固情况；需要填制货车装载清单及标画示意图的，应按规定填制；需要施封的货车，按规定施封；对装载货物的敞车，要检查车门插销、底开门搭扣和篷布苫盖、捆绑情况；装载超限、超长、集重货物，应按照装载加固定型方案或批准的装载加固方案检查装载加固情况。要严格执行装车质量签认制度，建立档案管理。

#### 4. 安全装卸

货物装车或卸车，应在保证货物安全的条件下，积极组织快装、快卸，昼夜不间断地作业，以缩短货车停留时间，加速货物运输。等待装车或者从机车上卸下的货物存放在装卸场所内时，应距离货物线钢轨外侧 15 米以上，并应堆放整齐、稳固。

### （二）卸车的规则

（1）卸车前认真检查车辆、篷布苫盖、货物装载状态有无异状，施封是否完好。

（2）卸车时必须核对运单、货票、实际货物，保证运单、货票、货物"三统一"，要认真监卸。对集装箱货物应检查箱体，核对箱号和封印。严格按照《铁路货物装卸安全技术规则》及有关规定作业，合理使用货位，按规定堆码货物。如果发现货物有异状，要及时按章处理。

（3）卸车后应将车辆清扫干净，关好车门、车窗、阀、盖，检查卸后货物安全距离，清理线路，将篷布按规定折叠整齐，送到指定地点存放。对托运人自备的货车装备物品和加固材料，应妥善保管。卸下的货物登记"卸货簿""集装箱到发登记簿"或具有相同内容的卸货卡片、集装箱号卡片。在货票丁联左下角记明卸车日期。

### 三、与公路装卸搬运作业有关的法律及其适用

公路装卸搬运作业所涉及的法律规范主要包括《民法典》《公路法》《道路货物运输及站场管理规定》等，公路装卸搬运与铁路装卸搬运有很多相似之处。与装卸搬运作业有关的法律适用原则同港口装卸搬运的法律适用原则相同。

### 四、物流企业在公路装卸搬运作业中应遵守的作业规则

（1）应对车厢进行清扫，保证车辆、容器、设备适合装卸货的要求。

（2）装卸搬运作业应当轻装轻卸，堆码整齐；清点数量；防止混杂、撒漏、破损；严禁有毒、易污染物品与食品混装，严禁危险货物与普通货物混装。

（3）对性质不相抵触的货物，可以拼装、分卸。

（4）装卸搬运危险货物，按交通运输部《道路危险货物运输管理规定》进行作业。

（5）装卸搬运作业完成后，货物需要绑扎苫盖篷布的，装卸搬运人员必须将篷布苫盖严密并绑扎牢固，编制有关清单，做好交接记录；并按有关规定施加封志和外贴有关标志。

（6）应当认真核对装车的货物名称、重量、件数是否与运单上记载的相符，包装是否完好。包装轻度破损，托运人坚持要装车起运的，应征得承运人的同意，承托双方需要做好记录并签章后，方可运输。

（7）装卸搬运过程中，如果发现货物包装破损，物流企业应及时通知相关人员并做好记录。

> **职业提示**
>
> 绿色装卸搬运是指为尽可能减少装卸搬运环节产生的污染物而采取的现代化的装卸搬运手段及措施。这里的绿色，是一个特定的形象用语，它泛指保护地球生态环境的活动、行为、计划、思想和观念在装卸搬运活动中的体现。开展绿色装卸搬运活动要做到三个方面：第一，消除无效搬运；第二，提高搬运活性，即物品放置时要有利于下次搬运；第三，注意货物集散场地的污染防护工作。

### 情境分析

我们已经学习了铁路、公路装卸搬运作业法律问题的相关知识，下面我们就用这些知识解决"情境导入"中的问题。

（1）物流公司在公路装卸搬运作业中应遵守的作业规则：

①应对车厢进行清扫，保证车辆、容器、设备适合装卸货的要求。

②装卸搬运作业应当轻装轻卸，堆码整齐；清点数量；防止混杂、撒漏、破损；严禁有毒、易污染物品与食品混装，严禁危险货物与普通货物混装。

③对性质不相抵触的货物，可以拼装、分卸。

④装卸搬运危险货物，按交通运输部《道路危险货物运输管理规定》进行作业。

⑤装卸搬运作业完成后，货物需要绑扎苫盖篷布的，装卸搬运人员必须将篷布苫盖严密并绑扎牢固，编制有关清单，做好交接记录；并按有关规定施加封志和外贴有关标志。

⑥ 应当认真核对装车的货物名称、重量、件数是否与运单上记载的相符，包装是否完好。包装轻度破损，托运人坚持要装车起运的，应征得承运人的同意，承托双方需要做好记录并签章后，方可运输。

⑦ 装卸搬运过程中，发现货物包装破损，物流企业应及时通知相关人员并做好记录。

（2）化工品生产厂没有责任赔偿物流公司的损失。理由是化工品生产厂已经将货物的详细情况明确告知物流公司，物流公司仍然采用内层为普通钢材质制成的厢式货车运输该批货物，违反了物流公司在公路装卸搬运作业中的义务——"保证车辆、容器、设备适合装卸货的要求"，故损失应由物流公司自己承担。

## 闯关考验

### 一、单项选择题

1. 我国现行有效的与公路装卸搬运作业有关的法律规范不包括（　　）。
   A．《民法典》  B．《公路法》
   C．《道路货物运输及站场管理规定》  D．《公路货物运输合同实施细则》

2. 物流企业在集装箱装卸搬运作业中的下列做法，错误的是（　　）。
   A. 稳起稳落、定位放箱
   B. 随时关好箱门
   C. 使用吊钩起吊时，四角同时起吊
   D. 每条吊索与箱顶的水平夹角应等于 45°

3. 装箱人在装运集装箱时，下列做法错误的是（　　）。
   A. 货物堆码整齐、牢固  B. 合理积载
   C. 装载集装箱不得超重  D. 性质互抵的货物混装于同一箱内

4. 物流企业在铁路卸车作业中应遵守的作业规则，下列说法错误的是（　　）。
   A. 卸车前认真检查车辆、篷布苫盖、货物装载状态有无异状，施封是否完好
   B. 卸车时对集装箱货物应检查箱体，核对箱号和封印
   C. 卸车时保证运单、货票、货物"三统一"
   D. 卸车后应将车辆清扫干净，打开车门、车窗通风

5. 物流企业在公路装卸搬运作业中应遵守的作业规则，下列说法错误的是（　　）。
   A. 应对车厢进行清扫
   B. 应当轻装轻卸，堆码整齐
   C. 对性质相抵触的货物，可以拼装、分卸
   D. 检查包装是否完好

### 二、多项选择题

1. 关于装载货物的集装箱应具备的条件，下列说法正确的是（　　）。
   A. 集装箱应符合国际标准化组织的标准
   B. 集装箱四柱、六面、八角完好无损

    C. 集装箱各焊接部位牢固
    D. 集装箱内部清洁、干燥、无味、无尘；集装箱不漏水、不漏光
2. 在货物进行装箱之前物流企业应该做的检查包括（　　　）。
    A. 外部是否有损伤、变形、破口　　B. 是否漏水、漏光，是否有污点、水迹
    C. 集装箱是否清洁　　　　　　　　D. 附属件是否齐备
3. 港站经营人主要包括（　　　）。
    A. 港口码头经营人　　　　　　　　B. 内陆车站经营人
    C. 机场货运中心经营人　　　　　　D. 经营仓储、装卸、转运工作的其他人
4. 港站经营人可以从事（　　　）等活动。
    A. 与船公司订立装卸协议
    B. 与货主订立货物仓储协议
    C. 与作业委托方订立装拆箱及集装箱堆存协议
    D. 为委托方进行与港站自身经营活动无关的交易
5. 我国现行的与铁路装卸搬运作业有关的法律规范和标准包括（　　　）。
    A.《铁路货物装卸安全技术规则》　　B.《铁路货物装载加固规则》
    C.《铁路货运检查管理规则》　　　　D.《铁路装卸作业标准》
6. 物流企业对集装箱货物进行积载时应注意（　　　）。
    A. 集装箱内所载的货物不能超过集装箱所能承受的最大重量
    B. 根据货物的性质、体积、质量、包装强度的不同安排积载
    C. 集装箱内应当均匀分布重量，并根据货物包装的强度决定堆码的层数
    D. 注意不同货物的物理及化学性能，避免发生污染和串味
7. 物流企业在铁路装车作业中应遵守的作业规则包括（　　　）。
    A. 装车前认真核对待装货物品名、件数，检查标志、标签和货物状态
    B. 装载散堆装货物，顶面应予平整
    C. 装车后认真检查车门、车窗、盖、阀的关闭及拧固和装载加固情况
    D. 在保证货物安全的条件下，积极组织快装、快卸，昼夜不间断地作业
8. 在单元滚装装卸作业中，物流企业应当提供（　　　）。
    A. 适合滚装运输单元候船待运的停泊场所
    B. 上下船舶和进出港的专用通道
    C. 保证作业场所的有关标志齐全、清晰、照明良好
    D. 配备符合规范的运输单元司乘人员及旅客的候船场所
9. 物流企业委托他人对危险货物进行装卸搬运作业时应当（　　　）。
    A. 按照有关危险货物运输的规定妥善包装
    B. 制作危险品标志和标签
    C. 将危险货物正式名称和危害性质书面通知港口经营人
    D. 将必要时采取的预防措施书面通知港口经营人
10. 港口作业的内容主要包括（　　　）。
    A. 装卸　　　　　　　　　　　　　B. 驳运
    C. 储存　　　　　　　　　　　　　D. 装拆集装箱

### 三、简述题

1. 简述物流企业在港口装卸搬运作业中的义务。
2. 简述物流企业在集装箱货物装卸作业中的义务。
3. 简述物流企业在铁路装卸搬运作业中应遵守的作业规则。
4. 简述物流企业在公路装卸搬运作业中应遵守的作业规则。

### 四、技能训练

某服装公司委托物流公司通过海运运送一批羽绒服,要求不准配装甲板,应装在舱内。货运到达时,收货人在码头堆场提货时,对箱体外表状况、关封状况未提出任何异议。但拆箱时,却发现有三个集装箱中部分羽绒服水浸系海水所致。

将同学按 4~6 人一组进行分组,每组派一人专门记录,然后完成以下实训。

#### (一)案例分析

物流公司是否承担赔偿责任?为什么?

#### (二)实践提升

根据下列要点提示观察装载货物的集装箱:

1. 集装箱外部检查:是否有损伤、变形、破口等异常。
2. 集装箱内部检查:查看是否漏水、漏光,是否有污点、水迹等。
3. 箱门检查:箱门是否完好,是否能够 270°开启。
4. 查看集装箱是否清洁。
5. 查看集装箱的附属件,检查附属件是否齐备,是否处于正常工作状态。
6. 装箱、摆放货物。

装卸法律纠纷案例

# 情境五

# 依法开展流通加工和配送活动

## 篇首语

配送是物流中一种特殊的、综合的活动形式，是商流与物流紧密结合，包含了商流活动和物流活动，也包含了物流中若干功能要素的一种形式。《中华人民共和国国民经济和社会发展第十四个五年规划和2035年远景目标纲要》提出："建设现代物流体系，加快发展冷链物流，统筹物流枢纽设施、骨干线路、区域分拨中心和末端配送节点建设，完善国家物流枢纽、骨干冷链物流基地设施条件，健全县乡村三级物流配送体系，发展高铁快运等铁路快捷货运产品，加强国际航空货运能力建设，提升国际海运竞争力。优化国际物流通道，加快形成内外联通、安全高效的物流网络。"完善的流通加工和配送制度对流通加工和配送活动的开展有积极的促进作用，流通加工活动主要由《民法典》承揽合同进行调整，物流企业通过签订配送合同开展配送活动，配送合同是无名合同，根据服务的具体内容确定适用的法律。

## 学习目标

**知识目标：**
- 理解承揽合同的含义、类型、法律特征和内容。
- 掌握承揽合同当事人的权利、义务及风险负担。
- 理解配送合同的概念、种类、内容及法律适用。
- 掌握物流企业在配送活动中的权利义务。

**能力目标：**
- 能够分析流通加工法律问题。
- 能够分析物流配送法律问题。

**素质目标：**
- 学习承揽人的保密义务，树立保密意识。
- 学习物流企业及时供应义务，培养时间观念。

## 知识导图

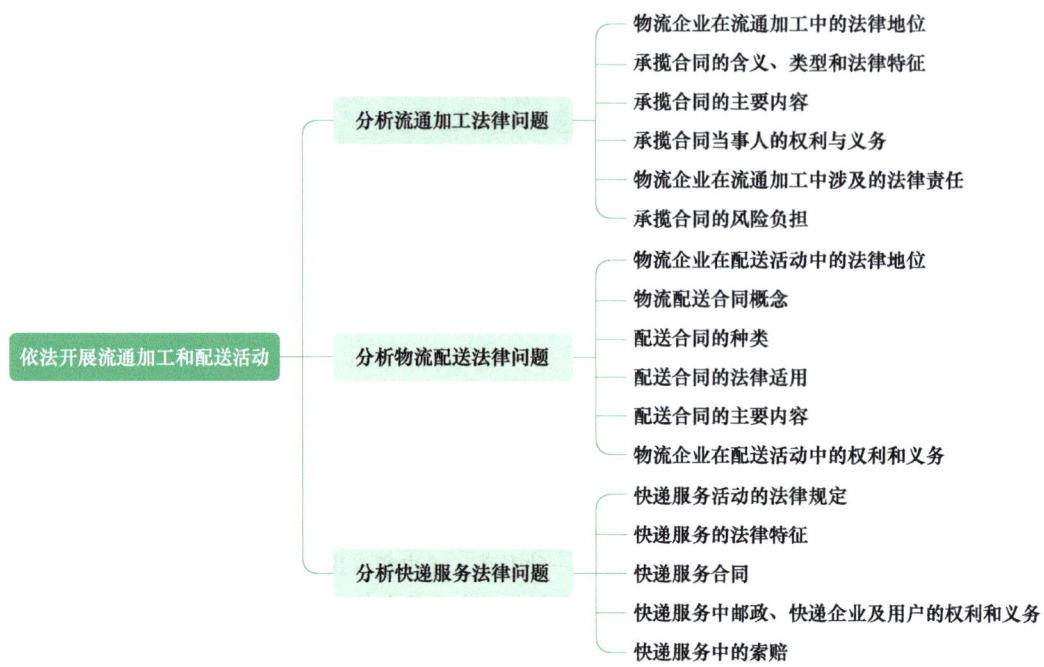

# 子情境一 分析流通加工法律问题

## 情境导入

甲公司与乙公司签订一份合同，约定：甲公司将一批电子线路板委托给乙公司加工。乙公司在交付部分已加工产品给甲公司后，甲公司对产品抽样检验，发现部分产品存在质量问题，在实测6个型号的产品中，有3个不合格。甲公司将检验情况告知乙公司，并具体说明了3种型号的电子线路板存在的质量问题，乙公司的质量部门负责人签字予以确认。甲公司认为乙公司所加工的产品质量不合格，并由此给自己造成损失，该项损失应当由乙公司赔偿。双方就赔偿问题产生纠纷，甲公司遂诉至法院，请求乙公司赔偿损失30万元并承担本案诉讼费。

问题：1. 甲、乙公司签订的是什么合同？这个合同有哪些法律特征？
2. 甲、乙公司各自的权利和义务是什么？
3. 乙公司是否应当赔偿甲公司的损失？

## 知识学习

流通加工法律是与流通加工相关的法律规范的总称。目前我国没有单独的流通加工的法律，《民法典》中关于加工承揽合同的具体规定，可适用于流通加工。

### 一、物流企业在流通加工中的法律地位

流通加工是物流过程中的一个重要环节，它具有生产的性质，能改变商品的形态，对物流

的影响巨大。并不是每个物流过程都必须进行流通加工，所以不是每个物流合同中都有关于流通加工的规定。当双方当事人在物流合同中约定物流企业承担流通加工义务时，根据物流企业履行流通加工义务所采用方式的不同，物流企业会具有不同的法律地位。

物流企业如果有加工能力，并以自身的技术和设备亲自从事加工，则物流企业即物流服务合同中的物流提供者，其权利和义务根据物流服务合同和相关法律的规定予以确定。

若物流企业自身不具备加工能力，它们可能会选择将流通加工环节外包给具备专业加工能力的第三方。在这种情况下，物流企业通过与加工方签订加工承揽合同来履行其在物流服务合同中的职责。此时，物流企业既作为物流服务的提供者，面向服务合同的需求方；同时，作为定作人，面对承揽方（即专业加工方）。它在流通加工过程中，既受到物流服务合同的约束，也受到加工承揽合同的限制，并且根据相关法律法规享有相应的权利和承担相应的义务。

## 二、承揽合同的含义、类型和法律特征

### （一）承揽合同的含义

承揽合同，是指承揽人按照定作人的要求完成一定工作，并交付工作成果，定作人接受承揽人的工作成果并给付报酬的合同。承揽包括加工、定作、修理、复制、测试、检验等工作。完成工作的一方称为承揽人，接受工作成果并支付报酬的一方称为定作人。

### （二）承揽合同的类型

承揽合同是一大类合同的总称，它的具体类型主要有加工合同、定作合同、修理合同和其他承揽合同。

#### 1. 加工合同

加工合同是指承揽人按照定作人的具体要求，使用自己的设备、技术和劳动对定作人提供的原材料或者半成品进行加工，并将成果交给定作人，定作人支付价款的合同。该合同的特点是由定作人提供大部分或全部的原材料，承揽人只提供辅助材料，并且仅收取加工费用。这种合同是物流中常见的合同。

#### 2. 定作合同

定作合同是由承揽人根据定作人需要，利用自己的设备、技术、材料和劳动力，为定作人制作成品，由定作人支付报酬的合同。例如，运输企业为运输某些特殊商品而向承揽人定作专门的包装物。在定作合同中，原材料全部由承揽人提供，定作人则支付相应的价款。定作合同的价款包括加工费和原材料费用。

#### 3. 修理合同

修理合同是指承揽人为定作人修理功能不良或缺失或外观被损坏的物品，使其恢复原状，由定作人支付报酬的加工承揽合同。在修理合同中，定作人可以提供原材料，也可以不提供原材料。在不提供原材料的情况下，定作人所支付的价款主要是原材料的价值。

#### 4. 其他承揽合同

其他承揽合同主要有承揽人为定作人的房屋进行修缮，为定作人打印、复印稿件材料，翻

译外文资料，进行物品性能测试、检验和工作成果的鉴定等。

### （三）承揽合同的法律特征

（1）承揽合同以承揽人完成约定工作为目的。这是承揽合同最典型的特征，也是其区别于劳务合同的本质特征。承揽合同的标的是承揽人的工作成果，而不是承揽人完成工作的过程本身。而劳务合同的标的是劳动者的劳动行为。因此，承揽人在虽然付出劳动但没有成果的情况下，无权要求定作人给付报酬。

（2）承揽合同的标的具有特定性。承揽合同是为了满足定作人的特殊要求而订立的，因而作为承揽合同标的的工作成果是由定作人确定的，或者是按定作人的要求来完成的。

（3）承揽合同中承揽人的工作具有独立性。即承揽人以自己的设备、技术、劳力等完成工作任务，不受定作人的指挥管理。但是，承揽人在完成工作的过程中应接受定作人必要的监督和检查。在承揽人未按约定的条件和期限进行工作，显然不能按时按质完成工作成果时，定作人有权解除合同，并要求赔偿损失。

（4）承揽合同是具有一定人身性质的合同。承揽人一般必须以自己的设备、技术、劳力等完成工作，并对工作成果承担风险责任。承揽人不得擅自将加工承揽的工作交给第三人完成，还要对工作中遭受的意外风险负责。

（5）承揽合同是诺成、双务有偿合同。承揽合同自双方当事人意思表示一致即告成立，故为诺成合同。承揽合同双方当事人均负有一定的义务，一方的义务即是对方的权利，故为双务合同。定作人须对承揽人完成的工作成果支付报酬，故为有偿合同。

## 三、承揽合同的主要内容

根据《民法典》第771条规定，承揽合同包括以下内容：

### 1. 承揽合同的标的

承揽合同的标的是定作人和承揽人权利和义务指向的对象，是承揽合同必须具备的条款。承揽标的是将承揽合同特定化的重要因素，在合同中应该将加工定作的物品名称、项目和质量写清楚。承揽合同的标的应该具有合法性，标的不合法将导致合同无效。

### 2. 承揽标的的数量

数量，是以数字和计量单位来衡量定作物的尺寸。根据标的物的不同，有不同的计算数量的方法。数量包括两个方面，即数字和计量单位。在合同中，数量条款中的数字应当清楚明确，数量的多少直接关系到双方当事人的权利义务，也与价款或酬金有密切关系。在计量单位的使用上，应该采用国家法定的计量单位。

### 3. 承揽标的的质量

质量是定作物适合一定用途、满足一定需要的特征，它不仅包括特定物本身的物理化学和工艺性能等特性，还包括形状、外观手感及色彩等。这主要是对承揽标的品质的要求。承揽合同中对于标的的质量通常由定作人提出要求。

### 4. 报酬条款

报酬条款应当在合同中明确约定，包括报酬的金额、货币种类、支付期限、支付方式等。

在原材料由承揽人提供的情况下,报酬条款还应明确原材料的价款、支付方式、支付期限等。

### 5. 履行条款

履行条款包括履行期限、履行地点、履行方式三部分。

(1) 履行期限是合同当事人履行合同义务的期限。承揽合同的履行期限包括提供原材料,交付工作成果、技术资料、图纸,以及支付定金、预付款等义务的期限。

(2) 履行地点是指履行合同义务和接受对方履行成果的地点。履行地点直接关系到履行合同的时间和费用。

(3) 履行方式是指当事人采用什么样的方法履行合同规定的义务。在承揽合同中,履行方式指的是定作物的交付方式。例如,是一次交清还是分期分批履行,定作物是定作人自己提取还是由承揽人送货等。

### 6. 验收标准和验收方法条款

验收标准和验收方法是指对承揽方所完成的工作成果进行验收的标准和方法。验收标准用于确定工作成果是否达到定作方所规定的质量要求和技术标准。在承揽合同中,这一条款应该规定得具体明确。

### 7. 材料提供条款

承揽合同中的原材料既可以由承揽人提供,也可以由定作人提供。不仅原材料的提供会影响价格的确定,而且原材料的质量将会直接影响定作物的质量,从而影响合同是否得到完全履行。流通加工是在流通的过程中对货物进行加工,加工的对象是货物,所以在由物流企业进行流通加工的情况下,原材料通常由物流需求方提供。但是,在一定的情况下,如将货物进行分包装,包装物有可能由物流企业提供。

## 四、承揽合同当事人的权利与义务

### (一) 承揽人的权利与义务

#### 1. 承揽人的权利

(1) 收益权。

根据合同约定,承揽人有权利要求定作人支付报酬和有关原材料的费用。在定作人没有按照约定支付报酬和费用时,承揽人可以对其定作物和原材料行使留置权。留置不少于 2 个月后,定作人仍未支付报酬和费用的,承揽人有权将定作物或原材料变卖或拍卖,所得价款优先清偿承揽人的报酬和费用。此外,当定作人无正当理由拒绝受领定作物时,承揽人有权将定作物交给提存机关提存,以消灭自己的交付义务。

(2) 留置权。

留置权是指承揽人享有的依法留置定作物,作为取得工作报酬的担保权利。承揽人的这一权利,是法律对承揽人所付出劳动的一种特别保护。承揽人依法享有留置权的前提是定作人不支付合同约定的报酬或其他相关费用。承揽人行使留置权的目的是促使定作人按约定支付上述款项。因此,只要定作人支付了相关款项或提供了其他适当的担保,承揽人就应交付被其留置的定作物。用于留置的财产,应当是承揽人基于加工承揽合同而合法占有的属于定作人的工作成果、材料及其他财产,且价值应尽可能与定作人所应支付的报酬及其他费用的金额相近。留置权是一种法定担保物权，当事人可以在合同中约定加以排除。

> **知识链接** 《民法典》第 783 条
>
> 定作人未向承揽人支付报酬或者材料费等价款的，承揽人对完成的工作成果享有留置权或者有权拒绝交付，但是当事人另有约定的除外。

### 2．承揽人的义务

（1）完成合同约定的工作任务。

① 承揽人应当以自己的设备、技术和劳力，完成工作的主要部分，但当事人另有约定的除外。所谓主要部分是对定作物的质量有决定性作用的工作物部分，一般来说是指工作技术要求高的部分；如果质量在工作物中不起决定作用，定作物为一般人均可完成的工作时，那么主要部分则指数量上的大部分。承揽人将其加工承揽的工作转由第三人完成的，应当就该第三人完成的工作成果向定作人负责。根据合同约定或者合同性质、交易习惯，加工承揽的工作是不得转让的，承揽人转让时，定作人可以解除合同。

② 承揽人应按照合同约定的时间着手工作和进行工作，并于规定的期限内完成工作。承揽人因可归责于自己的事由不能按期完成工作任务的，定作人可于履行期限届满后请求解除合同。

③ 承揽人应按照合同的约定，根据定作人要求的技术条件和质量标准完成工作。如果合同对此无约定，应依国家规定的技术条件和质量标准；如果无国家规定，则应当符合平常所提出的要求。非经定作人同意，承揽人不得擅自修改技术要求和质量标准。

④ 承揽人在工作期间，应当接受定作人必要的监督检验和指示，但当事人另有约定的除外。定作人监督检验时不得妨碍承揽人的正常工作。定作人中途变更设计图纸、工作要求，或者指示错误，给承揽人造成损失的，应当赔偿损失。

⑤ 承揽人在完成工作的过程中，如果发现定作人提供的设计图纸有错误或者技术要求不合理，定作人提供的材料不符合约定，以及可能影响工作质量或者履行期限的其他情形，应当及时通知定作人。定作人接到通知后，应当及时答复并采取相应措施。定作人因怠于答复等原因造成承揽人损失的，应当赔偿损失。承揽人怠于通知造成损失的，应当由承揽人承担损失。

（2）按合同约定提供原材料或接受、检验、保管、使用定作人提供的原材料。

① 合同约定由承揽人提供材料的，承揽人应当按照合同约定的质量标准选用材料；没有约定质量标准的，承揽人应当选用符合定作物使用目的的材料，并接受定作人的检验。定作人未及时检验的，视为同意。

② 用定作人提供的原材料完成工作的，承揽人应接受定作人提供的原材料并及时检验，发现不符合要求的，应当及时通知定作人调换或补交。因承揽人不及时检验而使用不合格材料的，或因承揽人怠于通知定作人调换或补交的，承揽人仍应对定作物的质量负责。

③ 承揽人应当妥善保管定作人提供的材料。定作人提供的材料在承揽人占有期间毁损、灭失的，由承揽人承担责任。

（3）交付工作成果。

① 承揽人应按合同约定期限交付工作成果。承揽人要求提前或延期交付工作成果的，应事先与定作人达成协议，并按协议执行。擅自提前或延迟交付的，应承担违约责任。

②承揽人在交付定作物时，还须交付定作物的附从物。同时，工作完成后，如果定作人提供的原材料、零配件等尚有剩余，则承揽人亦应退还给定作人。

③承揽人在向定作人交付工作成果时，应对定作物的质量负瑕疵担保责任，即承揽人应担保所交付的定作物符合合同所规定的质量要求。如果交付的定作物不符合合同约定的质量标准，即为有瑕疵，这时定作人同意利用的，可以按质论价，减少相应的报酬；定作人不同意利用的，承揽人应负责修整、调换或重作，并承担逾期交付的责任；经过修整或调换后，仍不符合合同规定的，定作人有权拒收，可以解除合同，要求赔偿损失。但是，在法定的质量保证期限已过的情况下，承揽人可免除承担瑕疵担保责任。

> **职业提示**
>
> 承揽人要对定作物的质量负瑕疵担保责任，让我们认识到做事要有工匠精神。工匠们喜欢不断雕琢自己的产品，不断改善自己的工艺，享受着产品在双手中升华的过程。工匠们对细节有很高要求，追求完美和极致，对精品有着执着的坚持和追求。工匠精神是中国制造前行的精神源泉，是企业竞争发展的品牌资本，是员工个人成长的道德指引。工匠精神就是追求卓越的创造精神、精益求精的品质精神、用户至上的服务精神。今后不论从事什么岗位，都要做到干一行、爱一行、专一行、精一行，务实肯干、坚持不懈、精雕细琢。

④承揽人所交付的定作物的数量不得少于合同的规定。否则，定作人仍需要的，承揽人应当照数补齐，并承担补齐部分逾期交付的责任；对少交部分，定作人不再需要的，有权就该部分解除合同。

⑤承揽人应按合同规定包装定作物，包装不合格的，定作人有权要求重新包装。因包装不符合合同规定造成定作物毁损灭失的，承揽人应负赔偿责任。

（4）保密义务。

定作人对加工承揽工作要求保密的，承揽人应当保守秘密。承揽人未经定作人许可，不得留存复制品或者技术资料。

> **职业提示**
>
> 承揽人要为定作人保守秘密，负有保密义务。古人云："时时检饬，谨言慎行，守口要密，防意须严。"这说的是君子保守秘密，是修德养性的处世之道。"秘密"二字各有一"必"，也就是为"心"加了一把保险锁。而守口如瓶、一诺千金更是我们中华民族的君子之道。

## （二）定作人的权利与义务

### 1. 定作人的权利

（1）对材料的验收权。

在承揽合同中，双方当事人可以自由决定材料由定作人提供或由承揽人提供。无论哪方提供材料，材料的品质直接影响承揽工作成果的质量。《民法典》第774条规定："承揽人提供材料的，应当按照约定选用材料，并接受定作人检验。"如果定作人对承揽人提供的材料品质提出异议，承揽人应当调换。承揽人因自己提供的材料缺陷导致工作成果有瑕疵的，承揽人应当承担违约责任。

（2）监督检验权。

承揽合同所应完成的工作成果是根据定作人的要求而制作的，为了保证工作成果符合定作人的要求，应当规定定作人有权监督检验承揽人的工作是否按照要求进行。对于定作人的监督检查，承揽人有义务配合。但是定作人行使监督检查的权利应当以不妨碍承揽人的正常工作为限。据此，《民法典》第779条规定："承揽人在工作期间，应当接受定作人必要的监督检验。定作人不得因监督检验妨碍承揽人的正常工作。"定作人在监督检查中发现承揽工作有问题的，应当及时提出，并要求承揽人改正。

（3）中途变更要求的权利。

在承揽合同中，承揽人应按照定作人的要求完成工作。由于各种原因，定作人可能会对最初合同中约定的要求不满意，在这种情况下，应当允许定作人对其提出的要求进行变更，但定作人应当承担这种变更带来的不利后果。《民法典》第777条规定："定作人中途变更承揽工作的要求，造成承揽人损失的，应当赔偿损失。"

（4）单方解除权。

通常情况下，合同生效后双方当事人不得任意解除合同，但是承揽合同是个例外。在合同成立后如果定作人不再需要承揽人完成该项工作，此时赋予定作人单方解除合同的权利，将避免人力、物力更大的损耗。因此，《民法典》第787条规定："定作人在承揽人完成工作前可以随时解除合同，造成承揽人损失的，应当赔偿损失。"

### 2. 定作人的义务

（1）定作人应协助承揽人完成工作任务。

① 定作人应依合同约定向承揽人提供原材料、技术材料，并完成必要的准备工作。否则，承揽人有权解除合同，要求赔偿损失；承揽人不要求解除合同的，除工作完成的日期可以顺延外，定作人还应偿付承揽人停工待料的损失。

② 根据合同性质需要定作人协助的，定作人有协助义务。《民法典》第778条规定："承揽工作需要定作人协助的，定作人有协助的义务。定作人不履行协助义务致使承揽工作不能完成的，承揽人可以催告定作人在合理期限内履行义务，并可以顺延履行期限；定作人逾期不履行的，承揽人可以解除合同。"

（2）定作人应按照合同约定受领定作物。

① 定作人应按照合同约定的时间、地点受领定作物。合同规定定作人自提的，应按时提取。定作人无故拒收定作物的，应负赔偿责任；定作人超过规定期限领取定作物的，应负违约责任，并承担承揽人支付的保管、保养费。

② 定作人在领取定作物时，应当依照合同规定进行验收。定作人应当在约定的期限内提出质量异议，超过约定的期限提出质量异议的，承揽人不承担责任。定作人和承揽人对质量异议的期限没有约定，工作成果明显不符合约定质量的，应当在工作成果交付之日起15日内提出；需经检验或者安装运转才能检验的，应当在工作成果交付之日起6个月内提出。

（3）按期支付报酬、材料费和其他费用。

定作人应当按照约定期限、数额向承揽人支付报酬。定作人逾期支付报酬或费用的，承揽人有权请求定作人支付利息。定作人未按约定期限支付报酬的，承揽人对完成的工作成果享有留置权。

## 五、物流企业在流通加工中涉及的法律责任

### 1. 违约责任

物流企业根据物流服务合同的要求进行流通加工，物流服务合同中规定了物流企业应履行的义务，当其违反了合同中的约定时，就应当承担违约责任。其承担的违约责任应该根据物流服务合同的具体内容确定。当事人违约的情况主要有以下几种：

（1）承揽人交付的工作成果不符合质量标准，即未按合同规定的质量完成定作人委托的工作。若定作人同意接收，应按质论价，酌减价款或酬金；若定作人不同意接收，承揽人应负责修整和调换，其所需费用由承揽人自负，同时承揽人还要承担逾期交付的责任，依然按加工承揽合同规定的违约金条款支付违约金。逾期交付定作物，遇到价格上涨时，按原价格执行，遇到价格下降时，按新价格执行，即按有利于定作人的价格执行；定作人不同意按质论价，或修理、调换后仍不符合质量要求的，可以解除合同，承揽人应赔偿定作人因此而造成的损失。

> **知识链接**　《民法典》第781条
>
> 承揽人交付的工作成果不符合质量要求的，定作人可以合理选择请求承揽人承担修理、重作、减少报酬、赔偿损失等违约责任。

（2）定作人未在约定期限内支付报酬或材料费等价款。定作人向承揽人支付报酬是定作人的义务，有约定期限的按照约定期限支付报酬；对于没有约定或约定不明确的，可以通过协议补充支付报酬的时间；不能达成协议的，定作人应在交付工作成果的同时支付报酬；交付部分工作成果的，定作人应相应地支付部分报酬；如果承揽工作的成果无须交付，定作人应于工作完成之时支付报酬。定作人延期支付报酬的，应承担逾期支付的利息。

> **知识链接**　《民法典》第782条
>
> 定作人应当按照约定的期限支付报酬。对支付报酬的期限没有约定或者约定不明确，依据本法第五百一十条的规定仍不能确定的，定作人应当在承揽人交付工作成果时支付；工作成果部分交付的，定作人应当相应支付。

（3）定作人逾期领取定作物。承揽人按照合同约定完成定作物后，定作人应该在合同约定的时间内领取定作物，如果无故推迟领取，应当承担违约责任，并承担由此给承揽人造成的额外费用和其他损失。

（4）定作人中途变更承揽工作要求。承揽合同签订以后，在没有履行或没有完全履行合同义务之前，定作人未经承揽人同意而单方对合同的内容进行修改、增减，例如，变更标的内容，改变定作物数量、规格、设计等，实质上也是一种违约行为，应向承揽人承担违约责任，支付违约金。如果对承揽人造成的损失超过违约金，还应支付赔偿金，以补充不足部分。

### 2. 产品责任

若定作物本身的缺陷给定作人或第三人的人身、财产造成损失的，物流企业应当承担责任，这种责任属于产品责任。产品责任是依据《民法典》和《产品质量法》的有关规定产生的一种侵权责任。

### 六、承揽合同的风险负担

承揽合同的风险负担，是指定作物因不可抗力等不可归责于当事人的事由而发生的毁损、灭失的风险由谁负担的问题。

（1）在承揽人交付工作成果以前，定作物或原材料意外毁损、灭失的风险应由承揽人负担，即承揽人丧失报酬请求权。如果原材料是定作人提供的，除合同另有约定外，定作人应承担原材料意外灭失的风险。但是，如果定作人仅为承揽人的原材料付款，除法律另有规定或合同另有约定的外，亦应由承揽人承担风险。

（2）承揽人在规定期限内交付已完成的工作成果，因定作人拒收或受领迟延而未交付时，定作物意外灭失的风险则由定作人负担，即定作人仍应向承揽人支付报酬和费用。

#### 情境分析

我们已经学习了流通加工法律问题的相关知识，下面我们就用这些知识解决"情境导入"中的问题。

（1）甲乙之间签订的是承揽合同，该合同的法律特征参考本书内容。

（2）甲公司是定作人，乙公司是承揽人，双方的权利和义务参考本书内容。

（3）甲公司在对产品进行验收时发现部分产品不符合定作要求，认定为产品不合格且向乙公司提出，并由乙公司产品质量部门负责人予以确认，据此可以认定乙公司在完成并交付的工作成果中，部分产品存在质量问题。依据《民法典》规定，承揽人交付工作成果不符合要求的，定作人可以要求承揽人承担修理、重作、减少报酬、赔偿损失等违约责任。

## 子情境二　分析物流配送法律问题

#### 情境导入

甲公司为某生产企业，乙公司为某物流配送服务公司。2022年7月，双方签订配送合同，约定乙为甲向其客户配送自行车零件150套，价值20000元。双方签订配送合同后，甲办理了托运单，交纳了运费1500元。2022年7月30日，乙用自有车队开始进行运输，汽车刚刚驶离甲处5千米时突然起火，将大部分自行车零件烧毁。经调查，汽车着火系夏季温度过高导致。甲遂向某区人民法院起诉，要求乙赔偿损失，并退回运费。

问题：1. 甲公司与乙公司签订的是哪种类型的配送合同？
2. 乙公司有哪些权利和义务？
3. 乙公司是否应该赔偿甲公司的经济损失？为什么？

#### 知识学习

### 一、物流企业在配送活动中的法律地位

不同的物流企业参与配送活动的方式不尽相同，这决定了其法律地位也会不同。以不同的法律关系为根据，实践中各物流企业参与配送活动的方式大致分为以下几种：

### 1. 与用户签订单纯的配送服务合同

这类物流企业与用户签订单纯的配送服务合同，仅仅为用户提供短距离的货物配送服务，包括拣选、配货、包装、加工、组配等全部或部分配送环节，而不提供其他物流服务。此时，物流企业与用户是配送服务合同关系，物流企业为配送人，双方的权利义务按配送服务合同的约定，适用《民法典》合同通则的要求，并参照法律最相类似的规定确定。例如，流通加工环节参照关于加工承揽合同的约定，储存环节参照关于仓储合同和保管合同的规定等。

### 2. 与用户签订单纯的销售配送合同

这类物流企业与用户签订单纯的销售配送合同，除要按用户要求负责集货、配货、送货外，还要负责订货、购货。此时，物流企业与用户之间是销售配送合同关系，物流企业为配送人，双方的权利义务按销售配送合同的约定，适用《民法典》合同通则的要求，并参照法律最相类似的规定确定，其中关于转移货物所有权部分的权利义务可参照关于买卖合同的规定。

### 3. 为用户提供包括配送的综合物流服务

这类物流企业一般为综合性物流企业，或者为具有两项（包括配送）以上的物流服务功能的物流企业。它们除为用户提供短距离的货物配送服务外，还会根据用户要求为其提供长距离干线运输或者专门的仓储服务。此时，物流企业与用户签订的是物流服务合同，而不是单纯的配送服务合同，物流企业是物流服务提供者，用户是物流服务需求者，双方的权利义务按物流服务合同确定。

### 4. 以用户的身份出现

这类物流企业一般没有配送中心和配送设备，或者虽有配送中心和配送设备，但数量或能力不足，与客户签订含有仓储服务的物流服务合同后，由于自身没有足够的配送中心和配送设备，只能将全部或者部分配送服务交由拥有配送中心及配送设备的物流企业（专业配送中心）实际履行。此时，物流企业与专业配送中心之间通常会签订配送服务合同，物流企业为用户，专业配送中心为配送人，双方之间的权利义务依据配送服务合同确定。

## 二、物流配送合同概念

配送合同是配送人根据用户需要为用户配送商品，用户支付配送费的合同。用户是配送活动的需求者，配送人是配送活动的提供者。

作为配送活动需求者的用户，既可能是销售合同中的卖方，也可能是买方，甚至可能是与卖方或买方签订了综合物流服务合同的物流企业。这类综合物流企业与卖方或买方签订综合物流服务合同后，由于自身不拥有配送中心，需要将配送业务外包给其他具有配送中心的物流企业，因而成为配送的需求者，即用户。

作为配送活动提供者的配送人，则既可能是销售合同中的卖方，也可能是独立于买卖双方的第三方物流企业。自身不拥有配送中心的综合物流企业，虽然相对与之签订配送合同为其提供配送服务的其他拥有配送中心的物流企业而言，是配送服务的需求者；但相对与之签订综合物流服务合同的买方或卖方而言，则为配送服务的提供者。

配送费是配送人向用户配送商品而取得的对价。根据配送的具体方式不同，配送费可能包括商品价款和配送服务费两个部分。如果配送人为用户提供的是综合性物流服务，配送服务费也可能包含在用户支付的物流服务费中。

### 三、配送合同的种类

根据合同是否包含商品销售内容，物流配送合同可以分为配送服务合同和销售配送合同。

#### （一）配送服务合同

配送服务合同是指配送人接收用户的货物，予以保管，并按用户的要求对货物进行拣选、加工、包装、分割、组配作业后，最后在指定时间送至用户指定地点，由用户支付配送服务费的合同。

这是一种单纯的提供配送服务的合同，双方当事人仅就货物的交接、配货、运送等事项规定各自的权利义务，不涉及货物所有权。在配送服务实施过程中，货物所有权不发生转移，自始至终均属于用户所有，只发生货物物理位置的转移和物理形态的变化。配送人不能获得商品销售的收入，仅因提供了存储、加工、运送等服务而获得服务费收益。

#### （二）销售配送合同

销售配送合同，是指配送人在将物品所有权转移给用户的同时为用户提供配送服务，由用户支付配送费（包括标的物价款和配送服务费）的合同。

##### 1. 销售企业与买受人签订的销售配送合同

销售企业出于促销目的，在向用户出售商品的同时又向买受人承诺提供配送服务。在这种配送中，用户就是商品购买者，销售企业为用户提供配送服务的承诺已构成销售合同的一部分，不存在独立的配送合同，双方的权利义务主要根据销售合同约定。这种配送，实际上就是销售商品加送货上门。

在这种配送合同中，销售企业向用户收取配送费时，可能只收取商品的价款金额，而不另收配送服务费，如为促销而进行的一次性配送服务；也可能在商品价款之外，再收取一定数额的配送服务费，如销售-供应一体化配送形式。

##### 2. 物流企业与用户签订的销售配送合同

在物流企业与用户签订的配送合同中，除约定物流企业的配货、送货等流通服务义务外，还约定物流企业应负责订货、购货。具体地说，就是由用户将自己需要的产品型号、种类、各部件的要求、规格、颜色、数量等信息提供给物流企业，由物流企业负责按此订货、购货（包括原材料、零部件等）、配货及送货。

在这种方式中，物流企业与用户签订的配送合同，除约定配送人向用户提供配送服务外，还会就特定货物的交易条件达成一致，实质是买卖合同与配送服务合同紧密结合的有机体。在这一合同中，商流与物流紧密结合。在订货、购货阶段，货物的所有权一直属于物流企业。货物的所有权何时转移至用户，由物流企业与用户在配送合同中约定。物流企业向用户收取的配送费中，既包括了因提供配送服务而应获得的配送服务费，还包括因出售商品而应收取的商品价款。

### 四、配送合同的法律适用

配送合同的性质直接影响了该类合同的法律适用。配送合同只能适用《民法典》合同通则的规定，并可就相关问题参照《民法典》典型合同或其他法律最相类似的规定。具体地说，在不违反法律规定的情况下，配送合同双方当事人的权利义务主要依据双方的约定。其中，配送人向用户提供配送服务部分，根据服务的具体内容可分别适用运输合同、加工承揽合同、仓储合同、保管合同以及委托合同的规定。就销售配送合同来说，关于商品所有权转移的部分则可以参照买卖合同的规定。

### 五、配送合同的主要内容

配送合同中的约定是明确配送人和用户双方权利义务关系的最主要根据。双方当事人除就合同的一般条款进行约定外，还应特别根据配送合同的特征就配送合同中的特别事务进行明确约定，以避免不必要的纠纷。

#### （一）配送服务合同的主要内容

配送服务合同是单纯提供配送服务的合同。配送服务合同主要有以下条款：

（1）配送人与用户的名称或者姓名和住所。

（2）服务目标条款。配送服务应实现用户特定的经营、管理和财务目标。

（3）服务区域条款，即约定配送人向用户提供运送服务的地理范围的条款。配送人据此安排其运力。

（4）配送服务项目条款。该条款主要是就配送人的服务项目进行明确具体的约定，包括用户需要配送人提供配送的商品品种、规格、数量等；还包括用户需要配送人提供哪些具体的配送作业，如是否需要加工、包装等。

（5）服务资格管理条款，即约定配送人为实现配送服务目标应具备的设施、设备，以及相关设施、设备的管理、操作标准等条款。

（6）交货条款。既包括用户将货物交付给配送人的环节，也包括配送人将货物配送交付给用户或其指定的其他人这一环节。双方应就交货的方式、时间、地点等进行约定。

（7）检验条款。货物检验发生在两个环节：一是用户将货物交付给配送人时的验收；二是配送人向用户或用户指定人交付货物时的验收。检验条款应规定验收时间、检验标准，以及验收时发现货物残损的处理方法。

（8）配送费及支付条款。其主要规定配送人服务报酬的计算依据、计算标准，以及配送费支付的时间和支付方式。

（9）合同期限条款。

（10）合同变更与终止条款，即约定当事人在合同存续期间得以变更、终止合同的条件，以及变更或终止合同的处理。

（11）违约责任条款。

（12）争议解决条款。

#### （二）销售配送合同的主要内容

销售配送合同是商流物流合一的合同，其中关于配送服务部分的条款与配送服务合同基本相同；而关于转移标的物所有权部分的条款与买卖合同相似。销售配送合同主要包括下列条款：

（1）当事人名称、地址。

（2）商品名称、品质条款。

（3）加工条款。双方关于配送人对商品进行拣选、组配、包装等的约定。

（4）送货条款。约定配送人送货的数量和批次、送货时间和地点等内容。

（5）检验条款。

（6）价格与报酬条款。约定配送人向用户出售商品的价格和配送服务报酬的计算。双方当事人可以将配送费计入商品价格统一计算，也可以分别约定。

（7）结算条款。

（8）合同变更与终止条款。

（9）违约责任条款。

（10）争议解决条款。

## 六、物流企业在配送活动中的权利和义务

### （一）物流企业在配送服务合同中的权利和义务

#### 1. 物流企业在配送服务合同中的权利

（1）要求用户支付配送费的权利。配送服务合同是有偿合同，物流企业通过提供配送服务获得收入，有权要求用户支付配送费。这一权利是物流企业的最主要权利，是物流企业订立配送合同的目的所在。

（2）要求用户按约定提供配送货物的权利。由于配送服务合同要求物流企业配送的原始货物（如零部件等）都是由用户提供的，因此，物流企业有权要求用户按约定提供原始货物，否则物流企业不能完成配送任务的，无须承担责任。

（3）要求用户及时接收货物的权利。物流企业将货物送到用户指定地点时，有权要求用户或其指定人员及时接收货物，并与物流企业办理货物交接。用户迟延接收货物造成物流企业损失的，应赔偿其损失。

（4）要求用户协助的权利。物流企业如果要按约定履行其义务，在很大程度上依赖于用户的协助。用户应向物流企业提供有关配送货物的单据文件，这主要包括：

① 品名、型号、数量等有关货物的资料。如果涉及危险品，用户还应将有关危险品的正式名称和性质，以及应当采取的预防措施书面通知物流企业。用户违反此项义务造成物流企业损失的，应承担赔偿责任。

② 送货时间、送货地址、联系电话、联系人等与货物交接有关的资料。用户还应指派专人负责与物流企业联系，并协调配送过程中的有关事宜，以便双方更好地合作。

#### 2. 物流企业在配送服务合同中的义务

（1）安全并及时供应的义务。配送的一个重要意义就是提高用户的供应保证能力，安全性和准时性是物流企业的首要义务。需要注意的是，在多用户配送中，物流企业应对每一位用户负责，即物流企业不得以向其他用户配送为由，来免除其对某一用户的违约责任。

> **职业提示**
>
> 安全且准时地配送货物是物流企业的重要义务,要求物流从业人员要具有安全意识和时间意识。养成安全意识就要牢固树立安全责任意识和安全制度意识,严格遵守作业章程,使自己所做的每件事都达到安全标准。时间意识要求我们要科学合理地安排时间,珍惜自己和别人的时间,制订时间计划、提高学习和工作的效率、善于利用零星时间。

（2）按约定理货的义务。物流企业必须严格按照用户的要求对货物进行加工,使货物最终以用户希望的形态被送至指定地点。而物流企业的理货活动能够实现商品的增值。因此,经过物流企业组配的物品,应具有用户所要求的色彩、大小、形状、包装组合等外部要求,否则,因此给用户造成的损失,物流企业应承担责任。

（3）妥善保管的义务。物流企业从接收货物时起,至交付货物时止的全过程,应当以合理谨慎的态度妥善地照看、保护、管理货物,以保证货物的数量和质量。除合同另有约定外,物流企业应对其占有货物期间所发生的货损、货差承担责任。

（4）告知义务。物流企业在履行配送合同的过程中,应将履行的情况、可能影响用户利益的事件等,及时、如实地告知用户,以便采取合理的措施防止或减少损失的发生,否则物流企业应承担相应的责任。例如,物流企业在接收货物时,应仔细核对货物与清单记载是否一致,检查货物是否完好。如果发现货物包装出现破损、短量、变质等情况,应及时告知用户。物流企业在合理时间内未通知用户的,视为物流企业接收的货物完好。

物流企业在理货、运送时,无论任何原因,无法按用户要求及时完成义务时,应立即通知用户,并按用户合理指示妥善处理。否则,物流企业不仅要承担其违反配送义务的违约责任,还要对由于未及时通知而造成用户的其他损失承担赔偿责任。

### （二）物流企业在销售配送合同中的权利和义务

#### 1. 物流企业在销售配送合同中的权利

（1）要求用户支付配送费的权利。这是物流企业在销售配送合同中最基本的权利。物流企业在销售配送合同法律关系中有权向用户收取配送费,包括货物的价款和配送服务费两部分。

（2）要求用户及时受领货物的权利。

（3）要求用户协助的权利。

#### 2. 物流企业在销售配送合同中的义务

（1）及时提供符合合同约定货物的义务。物流企业不仅要按用户要求组配货物,使其物理形态满足用户需要,更应当保证商品内在质量符合约定。与一般销售合同不同的是,销售配送合同对交付货物的时间性要求较高,因此,物流企业除了在配送环节应安排好相关事务外,在组织货源环节也应充分考虑其时间性。物流企业违反此项义务,应向用户承担替换货物、退货、减价、赔偿损失等买卖合同中的责任。

（2）转移货物所有权的义务。这是销售配送合同区别于配送服务合同之处。物流企业除了向用户提供配送服务,还要将货物的所有权由己方转移给用户,实现货物所有权的转移。为实现所有权的转移,物流企业应向用户提交有关单证,如发票、检验证书等。

（3）告知义务。物流企业在履行销售配送合同的过程中,应将履行的情况、可能影响用户利益的事件等，及时、如实地告知用户，以便采取合理的措施防止或减少损失的发生，否则，物流企业应承担相应的责任。

### 🎓 情境分析

我们已经学习了物流配送法律问题的相关知识，下面我们就用这些知识解决"情境导入"中的问题。

（1）甲公司与乙公司签订的是配送服务合同

（2）乙公司在配送服务合同中的权利义务参考本书内容。

（3）乙公司不应赔偿甲公司的损失。理由是汽车夏季高温着火属于意外事件，乙公司无过错，合同中对该风险责任的负担无约定。因此，依据货物的所有权关系来确定风险责任的负担。货物所有权属于甲公司，经济损失应该由甲公司负担。相反，如果是因为乙公司的过失而导致汽车着火，则乙公司应当赔偿甲公司的损失。

## 子情境三　分析快递服务法律问题

### ✅ 情境导入

2022年5月，张某通过快递公司给朋友李某邮寄一套价值1万元的化妆品，作为李某即将结婚的礼物。快递显示签收后，张某联系李某，发现李某未收到化妆品，快递丢失。张某与快递公司协商未果，将快递公司诉至法院，要求快递公司赔偿全部经济损失。经法院审理查明，张某寄出快递时，并未联系李某，因此不知道李某已经搬家的事实，将收件地填写为李某原居住地。快递公司员工收件时并未告知张某可以保价，给李某配送的快递员仍按之前给李某派件的惯例，将快递放在李某原居住地门口的鞋柜上后便没有再联系李某。

问题：1. 快递公司和张某各有哪些权利义务？
　　　2. 如果你是法官，你如何判决？

### 🔗 知识学习

#### 一、快递服务活动的法律规定

快递服务企业应当提供"迅速、准确、安全、方便"的快递服务，保护用户合法权益。快递企业与用户以书面形式订立合同时，其格式合同条款应当做到公平合理、准确全面，并向省级邮政管理部门备案，并且不得私自开拆、隐匿、毁弃、扣留、倒卖、盗窃快件，不得违法泄露在从事快递服务过程中知悉的用户信息，不得以任何理由侵犯他人的通信自由和通信秘密。

快递企业应当在营业场所公示或以其他方式向社会公布其服务种类、服务价格、营业时间、运递时限等服务承诺，并在规定时间内向省级邮政管理部门备案。

##### 1. 收寄

快递企业应当提供电话、互联网等多种方式接收寄件人的寄件要求。接单时，客服人员应当记录寄件人姓名、取件地址、联系方式、快递种类、快件品名、快件寄达地等相关信息，并和寄件人约定取件时间。快递企业应当提示寄件人如实填写快递运单，并且应当把快递运单牢固粘贴在快件外包装上，保持其完整性。

快件封装时，应当使用符合国家标准和行业标准的快递封装用品，并且应当在提供服务前告知寄件人收费依据、标准或服务费用。

快递企业接受网络购物、电视购物和邮购等经营者委托提供快递服务的，应当与委托方签订安全保障协议，并报省级邮政管理部门备案。快递企业从事代收货款业务的，应当遵守国家邮政管理部门的规定。

快递企业应当建立并执行严格的快件收寄验视制度。对寄件人交寄的信件，必要时快递企业可要求寄件人开拆，进行验视，但不得检查信件内容。寄件人拒绝开拆的，快递企业不予收寄。对信件以外的快件，快递企业收寄时应当场验视内件，检查是否属于国家禁止或限制寄递的物品。寄件人拒绝验视的，不予收寄。

> **知识链接** 禁止寄递的物品

《快递暂行条例》第4条规定，任何单位或者个人不得利用信件、包裹、印刷品以及其他寄递物品（以下统称快件）从事危害国家安全、社会公共利益或者他人合法权益的活动。根据《禁止寄递物品管理规定》，禁止寄递物品主要包括：

（一）危害国家安全、扰乱社会秩序、破坏社会稳定的各类物品；

（二）危及寄递安全的爆炸性、易燃性、腐蚀性、毒害性、感染性、放射性等各类物品；

（三）法律、行政法规以及国务院和国务院有关部门规定禁止寄递的其他物品。

具体禁寄物品详见《禁止寄递物品指导目录》。

快递企业在收寄相关物品时，依照国家规定需要寄件人出具书面证明的，应当要求寄件人出示证明原件，核对无误后，方可收寄。经验视，快递企业仍不能确定安全性的存疑物品，应当要求寄件人出具身份证明及相关部门的物品安全证明，核对无误后，方可收寄。收寄已出具相关证明的物品时，应当以纸质或电子文档形式如实记录收寄物品的名称、规格、数量、收寄时间、寄件人和收件人的名址等信息，记录保存期限应当不少于1年。

### 2. 分拣

快递企业在进行快件的分拣时，应当在符合规定条件的快件处理场所进行，并加强对分拣场地的管理，严禁无关人员进出场地，严格执行通信保密规定，实行封闭式作业，禁止从业人员私拆、隐匿、毁弃、窃取快件，确保快件的安全。

对快件的分拣作业应当在视频监控之下进行。在分拣过程中，快递企业发现问题快件的，应当及时做好记录并妥善处理；对破损快件应当在确认重量与快递运单书写信息无误后进行加固处理。快递企业在分拣中发现禁寄物品的，应当立即停止寄递；对各种反动报刊、反动书籍、淫秽物品、毒品及其他危险品，应当及时通知国家有关部门处理，并及时报告当地邮政管理部门。

### 3. 运输

快递企业应当对快件运输进行统一规划和调度，制定科学的路由，并严格执行，确保快件快速运输，防止积压和滞留。在快件运输的装载和卸载环节，工作人员应当对快件轻拿轻放，不得对快件进行猛拉、拖拽、抛扔等破坏性动作，确保快件不受损坏。要核对快件数量，如果发现异常快件，要及时记录，并注明处理情况。

### 4. 投递

快递企业应当对快件提供至少2次的免费投递。每日15时以前到达投递网点的快件，宜在当日完成首次投递；每日15时以后到达投递网点的快件，宜在次日12时以前完成首次投递。在对快件的验收过程中，若发现快件损坏等异常情况，收派员应当在快递运单上注明情况，并由收件人（代收人）和收派员共同签字；收件人（代收人）拒绝签字的，收派员应当予以注明。如果联系不到收件人，或者收件人拒收快件，快递企业应当在彻底延误时限到达之前联系寄件人，协商处理办法和有关费用。

对于未投递的快件，应当妥善放置，严禁委托他人投递和保管快件。

### 5. 信息管理

快递企业应当加强快件寄递过程中业务信息的规范管理，对各生产环节、场地部位的快件处理应当进行信息记录。在信息记录的过程中，要及时完整地采集信息，满足信息存储和查询的需要。快递企业应当提供覆盖服务范围的快件即时查询服务。相关信息记录的电子档案保存期限不应少于2年。

## 二、快递服务的法律特征

考虑到快递服务的时效性、网络性和便利性等基本特征，快递服务具有以下法律特征。

### 1. 法律关系动态运行过程快速

鉴于快递服务是指快递收寄、运输、投递单独封装的、有名址的快件或其他不需要储存的物品，按照承诺时限送达收件人或指定地点，并获得签收的寄递服务。快递服务的主要特征就是快捷、迅速。按照《快递服务》邮政行业标准的要求，快递服务时限是指快递服务组织从收寄开始，到第一次投递的时间间隔。除与顾客有特殊约定（如偏远地区）外，服务时限应满足同城快递服务时限不超过24小时，国内异地快递服务时限不超过72小时。由此，当事人之间法律关系的产生到法律关系的终止就在短短的24小时和72小时之内完成。

### 2. 参与法律关系的主体众多

一般来说，完善的运输配送网络是经营快递服务的基础，也是快递企业经营实力的重要体现。快递的网络性具体表现在两个方面。第一，快递服务要依靠实物运输网络。实物运输网络又细分为干线运输网络和"最后一公里"的收寄配送网络。快速服务要依靠各种交通工具，包括飞机、火车、船舶、汽车、摩托车、电动自行车等组成物流运输网络，并整合成覆盖范围宽广、灵活的立体交叉运输网络。在网络发生局部拥塞或局部运输能力不足的情况下，要能够实现不同层次网络和不同运输线路之间的合理调度和优化使用，以充分发挥网络的运输能力。第二，快递服务覆盖地域范围广泛，需要分散在不同地域的企业进行合作，组成完整的合作生产运作网络。

### 3. 法律纠纷数量多且标的额小

由于快递服务的快速，其准确性受到复杂的快递服务网络的影响，因此法律纠纷时有发生。常见的快递服务法律纠纷有快件延误、快件丢失、快件损毁。快递服务中发生的法律纠纷通常标的额小，考虑到寻求司法救助的成本过高，消费者往往选择向国家邮政局、消费者协会进行申诉。快速、低成本解决快递服务法律纠纷也是立法和司法实践亟待解决的问题。

### 三、快递服务合同

#### （一）快递服务合同概述

快递服务合同是投递人与快递服务提供者之间订立的关于快递服务活动中双方的权利和义务关系的协议。由于快递服务活动要求快捷、方便、时效性强，因此当事人之间一般使用由投递人填写的快递服务企业提供的快递运单。快递运单为快递服务提供者事先单方面订好的、统一印刷的合同，投递人只需填写相关信息，是一种服务格式合同，其当事人是投递人和快递服务提供商。

《快递暂行条例》第21条规定："经营快递业务的企业在寄件人填写快递运单前，应当提醒其阅读快递服务合同条款、遵守禁止寄递和限制寄递物品的有关规定，告知相关保价规则和保险服务项目。寄件人交寄贵重物品的，应当事先声明；经营快递业务的企业可以要求寄件人对贵重物品予以保价。"

根据《快递暂行条例》第22条规定，寄件人交寄快件，应当如实提供以下事项：①寄件人姓名、地址、联系电话；②收件人姓名（名称）、地址、联系电话；③寄递物品的名称、性质、数量。除信件和已签订安全协议用户交寄的快件外，经营快递业务的企业收寄快件，应当对寄件人身份进行查验，并登记身份信息，但不得在快递运单上记录除姓名（名称）、地址、联系电话以外的用户身份信息。寄件人拒绝提供身份信息或者提供身份信息不实的，经营快递业务的企业不得收寄。

#### （二）快递服务合同内容

快递运单的格式条款应符合法律规定，体现公平、公正的原则，文字表述应真实、简洁、易懂。其内容应包括：

（1）寄件人信息，主要包括：寄件人的名称、单位、地址、联系电话。

（2）收件人信息，主要包括：收件人的名称、单位、地址、联系电话。

（3）快递服务组织信息，主要包括：名称、标识、联系电话。联系电话应稳定、有效，在发生变更时应及时通知有关消费者。

（4）快件信息，主要包括：品名、数量和重量、价值、封装形式。

（5）费用信息，主要包括：计费项目及金额、付款方式、是否保价（保险）及保价（保险）金额。

（6）时限信息，主要包括：收寄时间和投递时间。

（7）约定信息，主要包括：双方约定事项，包括产生争议后的处理途径以及寄件人对快递运单信息的确认。

（8）背书信息，主要包括：查询方式与期限；顾客和快递服务组织双方的权利与责任；顾客和快递服务组织产生争议后的解决途径，顾客可与快递服务组织协商、向消费者权益保护组织投诉、向行政部门申诉、向仲裁机构申请仲裁、向人民法院起诉等；赔偿的有关规定。

## 四、快递服务中邮政、快递企业及用户的权利和义务

### （一）快递服务提供者的权利和义务

#### 1. 保障用户的通信自由与通信秘密

公民的通信自由和通信秘密受法律保护是我国《宪法》规定的公民的基本权利。《中华人民共和国邮政法》（以下简称《邮政法》）对保护公民通信自由与通信秘密做了更加具体的规定。

（1）除法律另有规定外，任何组织或者个人不得检查、扣留邮件、快件和汇款。

（2）任何单位和个人不得私自开拆、隐匿、毁弃他人邮件、快件。

（3）因国家安全或追查刑事犯罪的需要，公安机关、国家安全机关或者检察机关可以依法检查、扣留有关邮件、快件，并可以要求邮政企业、快递企业提供相关用户使用邮政服务、快递服务的信息，邮政企业、快递企业和有关单位应当配合，并对有关情况予以保密。

（4）除法律另有规定外，邮政企业及其从业人员、快递企业及其从业人员不得向任何单位或者个人泄露用户使用邮政服务、快递服务的信息。

> **职业提示**
>
> 《快递暂行条例》规定："除有关部门依照法律对快件进行检查外，任何单位或者个人不得非法检查他人快件。任何单位或者个人不得私自开拆、隐匿、毁弃、倒卖他人快件。"通信自由和通信秘密受法律保护，是《宪法》赋予每个中国公民的权利。保护寄件人的通信秘密，既是法律的明确规定，也是快递从业人员基本的职业道德要求。每一个物流从业人员都应有这样的觉悟，依法履行岗位职责，尊重他人权利。

#### 2. 提供迅速、准确、安全、方便的快递服务

快递服务提供者应当确保快件的安全和时限，保证在快件传递的过程中没有发生丢失、损毁、短少或者失密等情形，并在承诺的时限内送达。

（1）快递服务提供者应当按照规定或承诺的时限寄递、投交快件，保证快件的安全。

（2）快递服务提供者应当认真处理用户申诉、投诉，及时、妥善处理用户对服务质量提出的异议。

（3）快递服务提供者采用格式合同确定其与用户的权利义务关系的，应当采用规范的格式条款，适用《民法典》关于合同格式条款的规定。采用格式条款订立合同的，提供格式条款的一方应遵循公平原则确定当事人之间的权利和义务，并采取合理的方式提请对方注意免除或者限制其责任的条款，按照对方的要求，对该条款予以说明。

> **知识链接**　《快递暂行条例》关于快件无法投递的规定
>
> 快件无法投递的，经营快递业务的企业应当退回寄件人或者根据寄件人的要求进行处理；属于进出境快件的，经营快递业务的企业应当依法办理海关和检验检疫手续。
>
> 快件无法投递又无法退回的，依照下列规定处理：
>
> （一）属于信件，自确认无法退回之日起超过6个月无人认领的，由经营快递业务的企业在所在地邮政管理部门的监督下销毁；
>
> （二）属于信件以外其他快件的，经营快递业务的企业应当登记，并按照国务院邮政

管理部门的规定处理；

（三）属于进境快件的，交由海关依法处理；其中有依法应当实施检疫的物品的，由出入境检验检疫部门依法处理。

### 3．快件的验视权

《邮政法》规定，用户交寄除信件以外的其他邮件（含快件），应当交邮政企业、快递企业或者其分支机构当面验视内件，拒绝验视的，不予收寄。《快递暂行条例》第31条规定："经营快递业务的企业收寄快件，应当依照《中华人民共和国邮政法》的规定验视内件，并作出验视标识。寄件人拒绝验视的，经营快递业务的企业不得收寄。"

《快递暂行条例》第33条规定："经营快递业务的企业发现寄件人交寄禁止寄递物品的，应当拒绝收寄；发现已经收寄的快件中有疑似禁止寄递物品的，应当立即停止分拣、运输、投递。对快件中依法应当没收、销毁或者可能涉及违法犯罪的物品，经营快递业务的企业应当立即向有关部门报告并配合调查处理；对其他禁止寄递物品以及限制寄递物品，经营快递业务的企业应当按照法律、行政法规或者国务院和国务院有关主管部门的规定处理。"

### 4．收取快递服务费的权利

快递企业提供了快递服务，有权按照规定收取合理的快递服务费。

## （二）用户的权利和义务

### 1．验收权

《快递暂行条例》规定："经营快递业务的企业应当将快件投递到约定的收件地址、收件人或者收件人指定的代收人，并告知收件人或者代收人当面验收。收件人或者代收人有权当面验收。"

### 2．查询权和求偿权

《邮政法》规定，用户对交寄的快件，可以在交寄之日起1年内进行查询，邮政企业及其分支机构应当在国务院邮政管理部门规定的期限内将查询结果通知查询人。查复期满无结果的，对于非法定免责事由的邮件、快件的丢失损毁可以申请邮政企业、快递企业赔偿。邮政企业、快递企业应当先予以赔偿或采取补救措施，如果用户自交寄快件之日起满1年未查询又未提出赔偿要求的，则丧失求偿权。

### 3．知情权

用户与邮政企业、快递企业就快件损失赔偿的争议，有不少是用户事前对快件的损失限额赔偿以及保价快件与非保价快件的区别不了解造成的。几乎所有快递公司的快递合同背面都印有有关物品保价的条款，但快递公司工作人员在收件时往往并没有提醒消费者可以保价，更未将快递保价条款对消费者进行告知和解释，未充分履行应尽的告知义务，若快件丢失，快递公司应负主要责任。

### 4．遵守禁寄限寄物品的规定

《邮政法》规定，用户交寄邮件必须遵守国务院有关主管部门关于禁止寄递物品和限制寄递物品的规定。用户不得寄递或者在邮件、快件内夹带下列物品：法律禁止流通或寄递的物品；反动报刊书籍、宣传品或者淫秽物品；爆炸性、易燃性、腐蚀性、放射性、毒害等危险物品；妨害公共卫生的物品；容易腐烂的物品；各种活的动物；各种货币；不适合寄递的物品；包装不妥，可能危害人身安全、污染或者损毁其他邮件、快件、设备的物品。

用户违反禁寄限寄物品的规定，邮政企业、快递企业可以分别作出如下处理：不予寄递；通知寄件人限期领回，逾期不领的就地处理；移送相关部门依法处理；造成危害人身安全或者污染损毁其他邮件、快件、设备的，由寄件人承担赔偿责任。

### 5．填写收件人姓名、地址
用户交寄的邮件、快件应当符合法律规定，准确、清楚地填写收件人姓名、地址等。

### 6．支付快递费
用户交寄邮件、快件应当承担支付快递费的义务。

## 五、快递服务中的索赔

《快递暂行条例》规定："用户的合法权益因快件延误、丢失、损毁或者内件短少而受到损害的，用户可以要求该商标、字号或者快递运单所属企业赔偿，也可以要求实际提供快递服务的企业赔偿。"

### （一）赔付对象
快件赔付的对象应为寄件人或寄件人指定的受益人。

### （二）索赔因素
索赔因素主要包括快件延误、丢失、损毁和内件不符。

（1）快件延误，是指快件的投递时间超出快递服务组织承诺的服务时限，但尚未超出彻底延误时限。彻底延误时限是指从快递服务组织承诺的服务时限到达之时算起，到顾客可以将快件视为丢失的时间间隔。根据快递服务的类型，彻底延误时限应主要包括：同城快件为3个日历天；国内异地快件为7个日历天；国际快件为21个日历天。

（2）快件丢失，是指快递服务组织在彻底延误时限到达时仍未能投递快件，与顾客有特殊约定的情况除外。

（3）快件损毁，是指快递服务组织寄递快件时，由于快件封装不完整等原因，致使快件失去部分价值或全部价值。与顾客有特殊约定的情况除外。

（4）内件不符，是指内件的品名、数量和重量与快递运单不符。

### （三）快递服务提供者的免责事由

有下列情形之一的，快递服务提供者可不负赔偿责任：
（1）由于用户的责任或者所寄物品本身的原因造成快件损失的；
（2）由于不可抗力的原因造成损失的（保价快件除外）；
（3）用户自交寄快件之日起满一年未查询又未提出赔偿要求的。

> **知识链接** 避免快递纠纷，维护自身权益
>
> 为避免快递纠纷，维护自身权益，对消费者而言：
> 一是要尽可能选择信誉好、服务好、经营规范、证照齐全的快递公司。
> 二是要与快递公司签订规范的《快递递送合同》或《运输合同》《委托合同》，尽量明确双方权利义务及违约责任。
> 三是要仔细查看托运单的填写是否全面、清晰，是否包括货物名称、数量、价值、到货日期、运输方式、取货方式、收货人以及联系方式等。
> 四是如果快递的物品是重要或易损坏物品，一定要选择保价并填写《等额保价合同》以明确违约责任。
> 五是要当面开包检查、核对好货品后再签收。

## （四）赔偿原则

快递服务提供者与用户之间有约定的应从约定，没有约定的可按以下原则执行。

### 1. 快件延误的赔偿

延误的赔偿应为免除本次服务费用（不含保价等附加费用）。由于延误导致内件直接价值丧失，应按照快件丢失或损毁进行赔偿。

### 2. 快件丢失的赔偿

快件发生丢失时，免除本次服务费用（不含保价等附加费用）。

购买保价（保险）的快件，快递服务提供者按照被保价（保险）金额进行赔偿；对于没有购买保价（保险）的快件，按照《邮政法》《中华人民共和国邮政法实施细则》及相关规定办理。《快递暂行条例》规定："快件延误、丢失、损毁或者内件短少的，对保价的快件，应当按照经营快递业务的企业与寄件人约定的保价规则确定赔偿责任；对未保价的快件，依照民事法律的有关规定确定赔偿责任。"

### 3. 快件损毁的赔偿

完全损毁，指快件价值完全丧失，参照快件丢失赔偿的规定执行；部分损毁，指快件价值部分丧失，依据快件丧失价值占总价值的比例，按照快件丢失赔偿额度的相同比例进行赔偿。

### 4. 内件不符的赔偿

内件不符赔偿主要包括两种情况：第一，内件品名与寄件人填写品名不符，按照完全损毁赔偿；第二，内件品名相同，数量和重量不符，按照部分损毁赔偿。

> **情境分析**

我们已经学习了快递服务法律问题的相关知识，下面我们就用这些知识解决"情境导入"中的问题。

（1）快递公司与张某的权利义务参考本书内容。

（2）快递公司和寄件人张某对快递丢失都有过错，如果我是法官，我会判决快递公司负主要责任，张某负次要责任。理由是，《快递暂行条例》第25条规定："经营快递业务的企

业应当将快件投递到约定的收件地址、收件人或者收件人指定的代收人，并告知收件人或者代收人当面验收。收件人或者代收人有权当面验收。"本案中，收件人的手机号码是无误的，但快递员仅将快递放在了门口鞋柜上，且没有给收件人打电话或发短信告知，不符合规定。另外，《快递暂行条例》第21条规定："经营快递业务的企业在寄件人填写快递运单前，应当提醒其阅读快递服务合同条款、遵守禁止寄递和限制寄递物品的有关规定，告知相关保价规则和保险服务项目。寄件人交寄贵重物品的，应当事先声明；经营快递业务的企业可以要求寄件人对贵重物品予以保价。"尽管快递单上有保价项目，也不能免除工作人员告知张某相关保价规则和保险服务项目的义务，快递公司收件员没有告知张某保价规则，不符合规定。《快递暂行条例》第22条规定："寄件人交寄快件，应当如实提供以下事项：（一）寄件人姓名、地址、联系电话；（二）收件人姓名（名称）、地址、联系电话；（三）寄递物品的名称、性质、数量。"寄件人没能提供正确的收件地址，存在过错。因此，快递公司应负主要责任，张某负次要责任。

## 闯关考验

### 一、单项选择题

1. 下列关于承揽合同的法律特征，说法错误的是（　　）。
   A. 承揽合同以承揽人完成约定工作为目的
   B. 承揽合同的标的具有特定性
   C. 承揽合同具有一定的人身性
   D. 承揽合同是实践合同

2. 下列各项不属于承揽合同的是（　　）。
   A. 服装定作合同　　　　　　　　B. 广告印刷合同
   C. 房屋装修合同　　　　　　　　D. 汽车修理合同

3. 当承揽人交付的工作成果不符合质量标准时，下列说法错误的是（　　）。
   A. 若定作人同意接收，应按质论价，酌减价款或酬金
   B. 若定作人不同意接收，承揽人应负责修整和调换
   C. 承揽人构成违约，承担违约责任
   D. 承揽人负责修整和调换的，不需要承担逾期交付的责任

4. 下列（　　）情况下定作人需向承揽人支付报酬和费用。
   A. 在承揽人提供原材料的承揽加工合同中，原材料意外毁损的
   B. 定作物在承揽人交付前意外灭失的
   C. 定作人无理由拒收导致定作物未交付，随后定作物意外灭失的
   D. 定作物在承揽人交付前意外毁损的

5. 在快递员未将快递派送给收件人之前，快递应归（　　）所有。
   A. 收件人　　　B. 寄件人　　　C. 快递公司　　　D. 快递员

## 二、多项选择题

1. 承揽人的权利包括（　　）。
   A. 收益权　　B. 留置权　　C. 单方解除权　　D. 监督检验权
2. 物流企业参与配送活动的方式包括（　　）。
   A. 与用户签订单纯的配送服务合同　　B. 与用户签订单纯的销售配送合同
   C. 为用户提供包括配送的综合物流服务　　D. 以用户的身份出现
3. 配送合同可以适用（　　）典型合同的规定。
   A. 仓储合同　　B. 买卖合同　　C. 加工承揽合同　　D. 委托合同
4. 物流企业在配送服务合同中的义务包括（　　）。
   A. 安全并及时供应的义务　　B. 按约定理货的义务
   C. 妥善保管义务　　D. 告知义务
5. 物流企业在销售配送合同中的义务包括（　　）。
   A. 及时提供符合合同约定货物的义务　　B. 转移货物所有权的义务
   C. 告知义务　　D. 协助义务
6. 关于快递服务活动的说法，正确的是（　　）。
   A. 快递企业应当建立并执行严格的快件收寄验视制度
   B. 对快件的分拣作业应当在视频监控之下进行
   C. 不得对快件进行猛拉、拖拽、抛扔等破坏性动作，确保快件不受损坏
   D. 快递企业应当对快件提供至少 2 次的免费投递
7. 快递运单内容应包括（　　）。
   A. 寄件人信息、收件人信息、快递服务组织信息
   B. 快件及其费用、时限信息
   C. 约定信息
   D. 背书信息
8. 作为快递服务的用户，享有的权利包括（　　）。
   A. 验收权　　B. 查询权　　C. 求偿权　　D. 知情权
9. 用户不得寄递或者在邮件、快件内夹带下列物品（　　）。
   A. 法律禁止流通或寄递的物品
   B. 反动报刊书籍、宣传品或者淫秽物品
   C. 爆炸性、易燃性、腐蚀性、放射性、毒害等危险物品
   D. 包装不妥，可能危害人身安全、污染或者损毁其他邮件、快件、设备的物品
10. 快递服务中索赔因素主要包括（　　）。
    A. 快件延误　　B. 快件丢失　　C. 快件损毁　　D. 内件不符

## 三、简述题

1. 简述物流企业在流通加工中涉及的法律责任。
2. 简述承揽合同的风险负担。
3. 简述物流企业在配送服务合同中的权利义务。
4. 简述快递服务提供者的免责事由。

## 四、技能训练

2022年4月25日,申请人张某和被申请人上海某家具厂签订了一份《合作协议书》。协议约定,申请人委托被申请人加工生产柚木家具共 X 套,每套单价 a 元,合同总价为 A 元。双方约定,被申请人先生产一套样品,样品在申请人提供的家具尺寸、结构、工艺等的基础上,双方协定修改后生产。家具样品应该在 2022 年 5 月 10 日前向申请人交付,并由申请人验收后下达样品确认书,被申请人根据样品确认书的标准进行生产。双方还约定,签订《合作协议书》时,申请人支付给被申请人预付款 B 元,用于样品生产;家具样品完成主体框架后,申请人支付样品剩余货款 C 元;家具样品确认书下达后 3 个工作日内,申请人支付货款 D 元,余款在被申请人完成家具生产后,送货的前一天支付。另外,双方约定如有一方违约,另一方可以提出解约,终止合同,违约方应当赔偿对方损失;在没有造成损失的情况下,违约方应支付合同金额 20% 的违约金。

《合作协议书》签订后,申请人支付了样品生产的预付款 B 元,被申请人按照双方的约定进行家具样品的生产。2022 年 4 月 30 日、5 月 9 日,申请人先后两次到被申请人的家具样品生产场地对家具样品进行查验,并对床、床头柜、电视柜、大衣柜的质量,提出了整改意见;被申请人也承诺同意按照要求进行更改。2022 年 5 月 22 日,申请人向被申请人发出解约函,要求解除双方签订的《合作协议书》,并要求被申请人返还预付款 B 元,并支付违约金 E 元。

将同学按 4～6 人一组进行分组,每组派一人专门记录,然后完成以下实训。

（一）案例分析

1. 上海某家具厂是否违约?为什么?
2. 应当由谁承担违约责任?

（二）实践提升

根据承揽合同的内容和承揽合同当事人的权利义务,以小组为单位为张某、上海某家具厂起草一份承揽合同并展示。

加工法律纠纷案例

# 情境六
# 依法开展货物包装活动

## 篇首语

　　包装是满足商品运输、储存、销售等活动的必然要求，是实现商品价值和使用价值的必要手段，包装在整个物流活动中具有特殊的地位。《"十四五"现代物流发展规划》提出推动绿色物流发展："加强绿色物流新技术和设备研发应用，推广使用循环包装，减少过度包装和二次包装，促进包装减量化、再利用。"物流包装离不开包装法律制度的约束，我国目前没有系统的包装法律制度，与包装有关的制度散见于其他法律规范中，如《中华人民共和国专利法》（以下简称《专利法》）等。包装法律制度可以划分为普通货物包装法律制度、危险货物包装法律制度和国际物流中的包装法律制度，通过对这些包装法律制度的学习，培养学习者能够依法进行合理适度包装、分析包装法律问题的能力，树立绿色包装意识。

## 学习目标

**知识目标：**
- 理解普通货物销售包装和运输包装的基本要求。
- 掌握包装条款的内容及订立包装条款应注意的问题。
- 掌握危险货物运输包装的要求。
- 掌握《国际海运危险货物规则》中对危险货物包装的基本要求。

**能力目标：**
- 能够分析普通货物包装法律问题。
- 能够分析危险货物包装法律问题。

**素质目标：**
- 学习普通货物包装的基本原则，树立环保意识。
- 学习危险货物包装的知识，树立安全意识。

## 知识导图

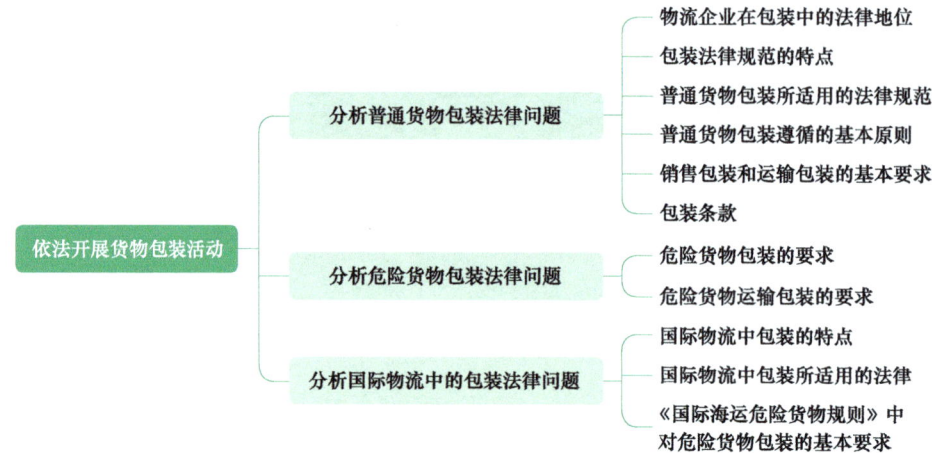

# 子情境一　分析普通货物包装法律问题

## 情境导入

长江物流服务公司为武汉佳佳制衣厂的服装出口提供长期国际综合物流服务，即由长江物流服务公司进行服装包装，安排国际联运及到货配送。2020年6月，长江物流服务公司对包括武汉佳佳制衣厂等在内的6家货方提供服务，而将其同船承运，其中，提单号为WH2000601-WH2000609的货物为佳佳服装。载货船驶离上海港后不久与他船相撞，载货船受创严重，船舶进水，致使提单号为WH2000601-WH2000609的货物遭水浸。经查，货物受损原因为船舶进水，船上集装箱封闭不严，致使货遭水浸。

问题：1. 服装包装应遵循哪些原则？
　　　2. 运输包装的要求是什么？
　　　3. 武汉佳佳制衣厂的货物损失应该由谁来承担？为什么？

## 知识学习

### 一、物流企业在包装中的法律地位

包装是物流的一个重要环节，在仓储、运输、装卸搬运或者流通加工环节均有可能涉及包装。因此，当物流企业承担包装在内的物流作业时，其法律地位首先根据物流服务合同确定，其次再根据物流企业是否与他人签订分包合同进一步加以确定。

#### 1. 物流企业自身进行包装活动的情形

具有包装能力的物流企业，是指以自身的技术和能力完成物流过程中包装环节的物流企业。此时，物流企业根据其与物流需求方签订的物流服务合同，成为物流服务合同的一方当事人。其权利义务由物流服务合同确定，同时应遵守国家相关法规和相应标准。

### 2. 物流企业自身不进行包装活动的情形

如果物流企业没有包装能力或由于某种原因不亲自进行包装，物流企业可以与其他主体，如专门的包装企业签订劳务合同。此时，物流企业同时是两个合同的当事人，对物流服务合同而言，它是受托人，按照物流合同完成委托事项；对劳务合同而言，它是委托人，有权要求劳务提供者按照约定的时间和标准完成包装事项。物流企业的权利和义务同时受两个合同的调整和约束。

## 二、包装法律规范的特点

包装法律是指一切与包装有关的法律的总称。目前，我国的包装法律散见在各类相关的法律中。《民法典》对货物运输中的包装做了规定；《海商法》《专利法》《中华人民共和国商标法》（以下简称《商标法》）等也从各自角度对包装进行了规定；有关部门规章中也有包装的规定，如《农产品包装和标识管理办法》《出境货物木质包装检疫处理管理办法》；此外还有物流包装国家标准，如《运输包装件尺寸与质量界限》《包装储运图示标志》等。包装法律具有如下特点：

（1）强制性。即在进行包装的过程中必须按照相应法律规范和标准的要求进行，不得随意变更。包装法律规范具有这一特点是由于大部分包装法律都属于强制性法律规范，如《中华人民共和国食品安全法》（以下简称《食品安全法》）、《一般货物运输包装通用技术条件》《危险货物运输包装通用技术条件》《危险货物包装标志》等，这些标准都是强制性的，是必须遵守的技术规范。

（2）标准性。即包装法律多体现为国家标准或行业标准。标准化是现代化生产和流通的必然要求，也是现代化科学管理的重要组成部分。

> **知识链接** 中国包装业协会制定的包装标准体系
>
> 中国包装业协会制定的包装标准体系，主要包括以下四大类：
> 第一，包装相关标准。其主要包括集装箱、托盘、运输、储存条件的有关标准。
> 第二，综合基础包装标准。其包括标准化工作导则、包装标志、包装术语、包装尺寸、运输包装件基本试验方法、包装技术与方法、包装管理等方面的标准。
> 第三，包装专业基础标准。其包括包装材料、包装容器和包装机械标准。
> 第四，产品包装标准。其涉及建材、机械、轻工、电子、仪器仪表、电工、食品、农畜水产、化工、医疗器械、中药材、西药、邮政和军工14大类，每一大类产品中又有许多种类的具体标准。

（3）技术性。即包装法律中包含大量以自然科学为基础而建立的技术性规范。包装具有保护物品不受损害的功能，特别是高精尖产品和医药产品，采取何种技术和方法进行包装将对商品有重要的影响。因此，国家颁布的包装法律规范含有很强的技术性。

（4）分散性。即包装法律规范以分散的形态分布于各个相关法律规范中。我国的包装法律不仅分散于各类与包装有关的法律中，例如《食品安全法》《商标法》，还广泛分布于有关主管单位的通知和意见中，例如原铁道部颁发的一系列关于铁路运输包装的通知和规定等。

## 三、普通货物包装所适用的法律规范

普通货物是指除危险货物、鲜活易腐货物以外的一切货物。与危险货物相比,普通货物的危险性大大小于危险货物,因而,其对包装的要求相对较低。物流企业在对普通货物进行包装时,有国家强制性的包装标准时,应当按照该标准;在没有强制性规定时,应从适于仓储、运输和搬运,并适于商品的适销性的角度考虑,按照对普通货物包装的原则,妥善地进行包装。

我国没有关于包装的专门法律,但是与货物销售、运输、仓储有关的法律、行政法规、部门规章、国际公约中都包含了对包装的规定,如我国的《民法典》《海商法》《食品安全法》以及《联合国国际货物销售合同公约》《国际海运危险货物规则》等。此外,包装法律规范还包含各种包装标准。

## 四、普通货物包装遵循的基本原则

### (一)安全原则

安全原则是指物品的包装应该保证物品本身以及相关人员的安全。具体包括两个方面:

#### 1. 商品安全

包装的第一大功能是保护物品不受外界伤害,保证物品在物流的过程中保持原有的形态,不致损坏和散失。生产的商品最终要通过物流环节送达消费者手中,在这个过程中,商品经常会遇到一系列的威胁。例如:外力作用,如冲击、跌落;环境变化,如高温、潮湿;生物入侵,如霉菌、昆虫的入侵;化学侵蚀,如海水、盐酸等的侵蚀;人为破坏,如偷盗等。而包装则成为对抗这些危险、保护商品的一道屏障。

#### 2. 人身安全

一些危险的商品,如农药、液化气等,具有易燃、易爆、有毒、腐蚀、放射性等特征,如果包装的性能不符合要求或者使用不当,很可能引发事故。对于这些商品,包装除起到保护商品不受损害的作用外,还可保护与这些商品发生接触的人员的人身安全,如搬运工人、售货人员等的安全。包装如果不符合要求,将会造成严重的后果。

### (二)"绿色"原则

"绿色"原则是指对货物的包装应符合环境保护的要求。在国外,已经有许多国家和地区颁布法律,在包装中全面贯彻绿色意识。我国的包装立法处于起步阶段,应顺应国际包装的发展趋势,将绿色包装作为包装法的基本原则之一。

> **职业提示**
>
> 对货物包装应符合环境保护的要求,比如使用可降解塑料等环境友好型包装材料、能重复利用的包装材料。自然环境是人类赖以生存的基础,作为地球上的每一个个体,都要牢固树立环保意识,爱护生态环境,珍惜自然资源。保护自然环境要从自我做起,从点滴小事做起。我们每个人都要爱护自然环境,与自然环境和谐共处。

### （三）经济原则

经济原则是指包装应该以最小的投入得到最大的收益。包装成本是物流成本的一个重要组成部分，昂贵的包装费用将会降低企业的收益率。但是，包装过于低价或者粗糙，也会降低商品的吸引力，形成商品销售的障碍。经济原则便要在两者之间达到平衡，使包装既不会造成资源浪费，又不会影响商品的销售。

## 五、销售包装和运输包装的基本要求

### （一）销售包装的基本要求

销售包装是指直接接触商品并随商品进入零售网点与消费者直接见面的包装。该包装的特点是外形美观，有必要的装潢，包装单位适于顾客的购买量以及商店陈设的要求。销售包装通常情况下由商品的生产者提供，但是，如果物流合同规定由物流企业为商品提供销售包装，则物流企业即需要承担商品的销售包装义务。因此，物流企业在进行销售包装时需要按照销售包装的基本要求进行操作。

在销售包装上，一般会附有装潢图画和文字说明，选择合适的装潢和说明将会促进商品的销售。销售包装主要包括三大要素：图案设计、文字说明、条码。图案是包装设计的三大要素之一，它包括商标图案、产品形象、使用场面、产地景色、象征性标志等内容。在图像的设计中，使用各国人们喜爱的形象固然重要，但更重要的是避免使用商品销售地所禁忌的图案。在销售包装上应该附一定的文字说明，表明商品的品牌、名称、产地、数量、成分、用途、使用说明等。在制作文字说明时一定要注意各国的管理规定。商品包装上的条码是指按一定编码规则排列的条空符号，它用以表示有一定意义的字母、数字及符号组成，通过光电扫描阅读设备，它可以作为计算机输入数据的特殊代码语言。

**知识链接** 条码

条码自1949年问世以来得到了广泛运用。20世纪70年代，美国将其运用到食品零售业。目前，世界上许多国家的商品都使用条码，各国的超级市场都使用条码进行结算。如果没有条码，即使是名优商品也不能进入超级市场。有些国家还规定，如果商品包装上没有条码，则不予进口。

#### 1. 销售包装应符合《专利法》要求

销售包装的设计属于《专利法》规定的外观设计保护范畴。生产者为保护自己的商品，在商品包装上还要标明专利号。物流企业在对商品进行包装的时候，不能侵犯他人的商标专利权。此外，制作精良的包装也可以申请专利，而物流企业在包装过程中也不能侵犯他人的包装专利。

《中华人民共和国专利法实施细则》规定，未经许可，在其制造或销售的产品、产品的包装上标注他人的专利号的行为属于假冒他人专利的行为。制造或者销售标有专利标记的非专利产品；专利权被宣告无效后，继续在制造或销售的产品上标注专利标记的行为属于以非专利产品冒充专利产品、以非专利方法冒充专利方法的行为。

### 2. 销售包装应符合《商标法》要求

商标是包装的一部分。包装的商标设计中涉及的法律问题很多，如国际条约及域外法律、风俗习惯、商品装潢、地理标志及驰名商标禁用条款。《商标法》根据《与贸易有关的知识产权协定》做了较大幅度修改，如增加立体商标、颜色组合商标等。在物流过程中，对物品进行包装时应注意上述这些内容。

此外，物流企业不得侵犯他人商标权。根据《商标法》第57条规定，有下列行为之一的，均属于侵犯注册商标专用权：

（1）未经商标注册人的许可，在同一种商品上使用与其注册商标相同的商标的；

（2）未经商标注册人的许可，在同一种商品上使用与其注册商标近似的商标，或者在类似商品上使用与其注册商标相同或者近似的商标，容易导致混淆的；

（3）销售侵犯注册商标专用权的商品的；

（4）伪造、擅自制造他人注册商标标识或者销售伪造、擅自制造的注册商标标识的；

（5）未经商标注册人同意，更换其注册商标并将该更换商标的商品又投入市场的；

（6）故对照原文意为侵犯他人商标专用权行为提供便利条件，帮助他人实施侵犯商标专用权行为的；

（7）给他人的注册商标专用权造成其他损害的。

### 3. 销售包装应符合《中华人民共和国反不正当竞争法》的要求

商品包装与待售的商品本体一起作为用于市场交换的产物而存在，利用包装参与市场竞争，是市场竞争的一种常用手段。但包装设计中使用虚假的文字说明，伪造或冒用优质产品的认证标志、生产许可证标志等，都将涉及《中华人民共和国反不正当竞争法》的内容。

物流企业在包装环节不得违反《中华人民共和国反不正当竞争法》的规定，经营者不得采用下列不正当手段从事市场交易，损害竞争对手：假冒他人的注册商标；擅自使用知名商品特有的名称、包装、装潢，或者使用与知名商品近似的名称、包装、装潢，造成和他人的知名商品相混淆，使购买者误认为是该知名商品；擅自使用他人的企业名称或者姓名，使人误认为是他人的商品；在商品上伪造或者冒用认证标志、名优标志等质量标志，伪造产地，对商品质量作引人误解的虚假表示。如果存在上述违法行为，则承担相应的法律责任。

### 4. 销售包装应符合《产品质量法》的要求

《产品质量法》不仅对产品质量提出了统一的标准，而且规范了产品的包装。根据《产品质量法》第14条规定，企业根据自愿原则可以向国务院市场监督管理部门认可的或者其授权的部门认可的认证机构申请产品质量认证。经认证合格的，由认证机构颁发产品质量认证证书，准许企业在产品或者其包装上使用产品质量认证标志。

根据《产品质量法》第27条规定，产品或者其包装上的标识必须真实，并符合下列要求：有产品质量检验合格证明；有中文标明的产品名称、生产厂厂名和厂址；根据产品的特点和使用要求，需要标明产品规格、等级、所含主要成分的名称和含量的，用中文相应予以标明；需要事先让消费者知晓的，应当在外包装上标明，或者预先向消费者提供有关资料；限期使用的产品，应当在显著位置清晰地标明生产日期和安全使用期或者失效日期；使用不当，容易造成产品本身损坏或者可能危及人身、财产安全的产品，应当有警示标志或者中文警示说明。裸装的食品和其他根据产品的特点难以附加标志的裸装产品，可以不附加产品标志。物流企业在对产品进行包装的时候，应当参照上述规定进行。

### 5. 销售包装应与国际标准保持一致

我国商品包装的国际标准化工作虽已取得显著进展，但仍存在一定的提升空间，这在一定程度上影响了部分商品进入国际市场的进程。在执行质量管理体系标准 ISO 9000、环境管理体系标准 ISO 14000、食品安全管理体系标准 ISO 22000 等方面，部分企业因技术水平、成本控制或理解偏差等因素，存在执行不到位的情况。例如在环境管理方面，部分企业包装材料环保处理未达标；食品安全领域，包装的卫生与溯源体系建设也存在不足。

不过，近年来众多大型及出口型企业积极与国际标准接轨，电子、家电等行业包装已达到或接近国际先进水平。同时，我国已正式成为国际标准化组织包装技术委员会（ISO/TC122）成员国，这不仅为执行国际包装标准创造了有利条件，更赋予我国参与国际标准制定修订的话语权，便于将中国经验与实际需求融入国际标准，助力国内企业及时掌握标准动态，加速实现与国际包装标准的深度融合。

## （二）运输包装的基本要求

运输包装是指以强化运输、保护产品为主要目的的包装。货物的运输包装必须符合国家强制性标准《一般货物运输包装通用技术条件》，它对适用于铁路、公路、水运、航空承运的一般货物运输包装的总要求作了规定。运输包装如果不符合该标准规定的各项技术要求，运输过程中一旦造成货损或对其他关系方的人身、财产造成损害，均由包装责任人承担赔偿之责。对包装不符合要求的货物，运输部门可以拒收。

运输包装的基本要求为：由于货物运输包装是以运输储存为主要目的的包装，因此必须具有保障货物安全、便于装卸储运、加速交接点验等功能；同时应能确保在正常的流通过程中，能够抗御环境条件的影响而不发生破损、损坏等现象，保证安全、完整、迅速地将货物运至目的地。此外，货物运输包装还应符合科学、牢固、经济、美观的要求。

## 六、包装条款

### （一）包装条款的内容

在物流服务合同中，可能会订有包装条款。包装条款一般包括以下三个方面的内容：

#### 1. 包装的提供方

在物流服务合同中，包装条款应载明包装由哪一方来提供。这样不仅有助于明确物流企业在包装中所处的法律地位，而且有助于在由于包装的问题引起货物损坏或灭失时划分责任。

> **知识链接**
>
> 《海商法》第66条规定："托运人托运货物，应当妥善包装，并向承运人保证，货物装船时所提供的货物的品名、标志、包数或者件数、重量或者体积的正确性；由于包装不良或者上述资料不正确，对承运人造成损失的，托运人应当负赔偿责任。"

### 2. 包装材料和方式

包装材料和方式是包装的两个重要方面，它分别反映了静态的包装物和动态的包装过程。包装材料条款主要载明采用什么包装材料，如木箱装、纸箱装、铁桶装、麻袋装等；包装方式条款则主要载明怎样进行包装。此外，可以根据需要加注尺寸、每件的重量或数量、加固条件等。不同的运输条件都要求不同的包装。

（1）在选择包装材料时，除了要使其能满足货物的通常要求，还应考虑到进口国对包装材料的特殊要求。如美国规定，为防止植物病虫害的传播，禁止使用稻草作包装材料，如果被海关发现，必须当场销毁，并支付由此产生的一切费用。在订立合同条款时应充分考虑到这些方面，同时应使用合同中规定的材料进行包装。

（2）买卖合同的内容可能包括包装方式、检验标准和方法、结算方式、合同使用的文字及效力等条款。这一规定指明了合同中可以包括包装条款。出卖人应当按照约定的包装方式交付标的物。对包装方式没有约定或约定不明确的，可以进行协商；如果协商后仍不能确定的，应当按照通用的方式包装；没有通用方式的，应当采取足以保护标的物的包装方式。

### 3. 文字说明

运输包装和销售包装都会有文字说明。文字说明包括运输标志及其他文字的内容和使用的语种。运输标志是包装条款中的主要内容。运输标志通常表现在商品的运输包装（即以强化运输、保护产品为主要目的的包装）上。在贸易合同中，按照国际惯例，运输标志一般由卖方设计确定，也可由买方决定。运输标志会影响货物的装卸搬运，所以要求在合同条款中明确载明。对销售包装来说文字说明的要求较高，内容上要符合规定，语种也不能用错。如日本政府规定，销往日本的药品必须说明成分、服用方法及功能，否则海关有权扣留，不能进口。在语种要求上，很多国家也有特别规定。文字说明会影响货物的装卸搬运，所以要求在合同条款中明确载明。

## （二）订立包装条款时应注意的问题

### 1. 明确包装术语

合同中的有些包装术语如"适合海运包装""习惯包装"等，因可以有不同理解，从而容易引起争议，除非合同双方事先取得一致认识，否则应避免使用。尤其是设备包装条件，应在合同中做出具体明确的规定。如，对特别精密的设备，除规定包装必须符合运输要求外，还应规定防震措施等条款。

### 2. 明确包装费用

包装费用一般都包括在货价内，合同条款不必列入。但是，如果一方要求特殊包装，则可增加包装费用，如何计费及何时收费也应在条款中列明。如果包装材料由合同的一方当事人供应，则条款中应明确包装材料到达时间，以及逾期到达时该方当事人应负的责任。运输标志如果由一方当事人决定，也应规定标志到达时间（标志内容须经卖方同意）及逾期到达时该方当事人应负的责任等。

### 3. 防止包装条款的欺诈

在一些合同中，包装条款仅简单注明"标准出口包装"，这一表述较为模糊且笼统。目前，国际上尚未形成统一的标准来明确界定何种包装可被视为符合"标准出口包装"的要求。

正因如此，部分出口商可能利用这一条款的模糊性，在包装环节偷工减料，以降低包装成本。然而，这种做法可能导致货物在运输过程中受损，影响产品质量和交付效果，进而损害买方的利益。

此外，包装一定要按照合同要求进行，否则应赔偿由此造成的损失。

### 情境分析

我们已经学习了普通货物包装法律问题的相关知识，下面我们就用这些知识解决"情境导入"中的问题。

（1）安全原则、"绿色"原则、经济原则。

（2）由于货物运输包装是以运输储存为主要目的的包装，因此必须具有保障货物安全、便于装卸储运、加速交接点验等功能；同时应能确保在正常的流通过程中，能够抗御环境条件的影响而不发生破损、损坏等现象，保证安全、完整、迅速地将货物运至目的地。此外，货物运输包装还应符合科学、牢固、经济、美观的要求。

（3）由长江物流服务公司承担。理由是长江物流服务公司对武汉佳佳制衣厂的服装进行包装，安排国际联运及到货配送。本案是因包装和运输中发生的问题而造成的损失，一方面长江物流服务公司不能证明自己在该事故中没有过错；另一方面，因第三人而造成损失的，长江物流服务公司应当先予赔偿，然后再向第三人予以追偿。

## 子情境二　分析危险货物包装法律问题

### 情境导入

甲为农副产品进出口公司，乙为综合物流服务商。2022年7月，甲公司欲将黄麻出口至印度，并将包装完好的货物交付给乙服务商，乙服务商为甲公司提供仓储、运输等服务。黄麻为易燃物，储存和运输的处所温度都不得超过常温。甲公司因听说乙服务商已经多次承运过黄麻，便未就此情况通知乙服务商，也未在货物外包装上作警示标志。2022年8月9日，乙服务商将货物运至其仓储中心，准备联运，因仓库储物拥挤，室温高达15度。8月11日，货物突然起火，因救助不及，货物损失严重。据查，起火原因为仓库温度较高导致货物自燃。双方就此发生争议。

问题：1. 什么是危险货物？黄麻是否属于危险货物？

2. 甲公司的损失应该由谁来承担？为什么？

### 知识学习

#### 一、危险货物包装的要求

##### 1. 危险货物的含义

危险货物是指具有爆炸、易燃、毒害、腐蚀、放射性等性质，在运输、装卸和保管储存过程中容易造成人身伤亡和财产损毁而需要特别防护的货物。

### 2. 危险货物的种类

危险货物一般有九大类：爆炸品；压缩气体和液化气体；易燃液体；易燃固体、自燃物品和遇湿易燃物品；氧化剂和有机过氧化物；毒害品和感染性物品；放射性物品；腐蚀品；杂类，是指在运输过程中呈现的危险性质不包括在上述 8 类危险货物中的物品，如带有磁性的某些物品。

### 3. 对危险货物包装的基本要求

由于危险货物自身的危险性质，我国对危险货物的包装采用了不同于普通货物的特殊要求，并且这些规定和包装标准均是强制性的。因此，物流企业在进行危险货物的包装时，应当严格按照我国的法律规定和标准，以避免危险货物在储存、运输、装卸搬运中出现重大事故。根据《危险货物运输包装通用技术条件》《船舶载运危险货物安全监督管理规定》及其他相关法规的规定，我国对危险货物包装的基本要求如下：

（1）应该能够保护货物的质量不受损坏。
（2）保证货物数量上的完整。
（3）防止物流过程中发生燃烧、爆炸、腐蚀、毒害、放射性辐射等事故造成的损害，保证物流过程的安全。
（4）危险货物包装的基本要求、等级分类、性能试验、检验方法等都应该符合国家强制性标准。

## 二、危险货物运输包装的要求

### 1. 危险货物运输包装的含义

根据《危险货物运输包装通用技术条件》的规定，危险货物的运输包装即指运输中的危险货物的包装。除爆炸品、压缩气体、液化气体、感染性物品和放射性物品的包装外，危险货物的包装按其防护性能分为：

（1）Ⅰ类包装，即适用于盛装高度危险性的货物的包装；
（2）Ⅱ类包装，即适用于盛装中度危险性的货物的包装；
（3）Ⅲ类包装，即适用于盛装低度危险性的货物的包装。

### 2. 危险货物运输包装所适用的标准及其基本内容

危险货物运输所适用的国家标准是《危险货物运输包装通用技术条件》。该标准是由国家颁布的，它规定了危险货物运输包装的分级，运输包装的基本要求、性能测试和测试的方法，同时也规定了运输包装容器的类型和标记代号强制适用的技术标准。该标准强制适用于盛装危险货物的运输包装，是运输生产和检验部门对危险货物运输包装质量进行性能试验和检验的依据。但该标准不适用于以下几种情况的包装：

（1）盛装放射性物质的运输包装；
（2）盛装压缩气体和液化气体的压力容器的包装；
（3）净重超过 400 千克的包装；容积超过 450 升的包装。

### 3. 对危险货物运输包装强度、材质等的要求

根据《危险货物运输包装通用技术条件》的规定，危险货物运输包装的强度及采用的材质应满足以下基本要求：

（1）危险货物运输包装应结构合理，具有一定强度，防护性能好。

（2）包装的材质、形式、规格、方法和单件质量（重量），应与所装危险货物的性质和用途相适应，并便于装卸、运输和储存。

（3）包装应该质量良好，其构造和封闭形式应能够承受正常运输条件下的各种作业风险。不因温度、湿度、压力的变化而发生任何泄漏，包装表面应该清洁，不允许粘附有害的危险物质。

（4）包装与内包装直接接触部分必要时应该有内涂层或进行防护处理。

（5）包装材质不得与内包装物发生化学反应而形成危险产物或导致削弱包装强度；内容器应该固定。如果属于易碎品，应使用与内装物性质相适应的衬垫材料或吸附材料衬垫妥实；盛装液体的容器，应能经受在正常运输条件下产生的内部压力。灌装时必须留有足够的膨胀余地，除另有规定外，应该保证在温度55℃时，内装物不会完全充满容器。

（6）包装封口应该根据内包装物性质采用严密封口、液密封口或气密封口。

（7）盛装需浸湿或夹有稳定剂的物质时，其容器封闭形式应能有效地保证内装液体（水、溶剂或稳定剂）的百分比在储运期间保持在规定范围内。

（8）有降压装置的包装，排气孔设计和安装应能防止内装物泄漏和外界杂质的混入。排出的气体量不得造成危险和污染环境。复合包装内容器和外包装应紧密贴合，外包装不得有擦伤内容器的凸出物。

（9）无论是新型包装、重复使用的包装，还是修理过的包装，均应符合危险货物运输包装性能测试的要求。

> **职业提示**
>
> 在对危险货物进行包装时，要遵守规则，严格按照法律法规要求进行操作，避免出现安全事故。在其他方面，我们同样要牢记时时守规则、事事讲规矩，严格按照规则行事，做到讲规矩、守底线、知敬畏。心有所畏，方能言有所戒，行有所止。要牢固树立规矩意识，始终把法律和规则牢牢挺在前面，始终守住法律和规则的底线。

### 4. 危险货物运输的包装容器

包装容器是储运货物的载体。包装的盛装、保护、识别等功能通过运输包装容器来实现。《危险货物运输包装通用技术条件》中所规定的包装容器包括钢（铁）桶、铝桶、钢罐、胶合板桶、木琵琶桶、硬质纤维板桶、硬纸板桶、塑料桶（罐）、天然木箱、胶合板箱、再生木板箱、硬纸板箱、瓦楞纸箱、钙塑板箱、钢箱、纺织品编织袋、塑料编织袋、塑料袋、纸袋、瓶、坛、筐、篓。

### 5. 危险货物运输包装的防护材料

防护材料包括用于支撑、加固、衬垫、缓冲和吸附等的材料。危险货物包装所采用的防护材料及防护方式，应与内装物性能相容，符合运输包装件总体性能的需要，能经受运输途中的冲击与震动，保护内装物与外包装，当内容器损坏、内装物流出时也能保证外包装安全无损。

### 6. 危险货物运输包装标记和标志

危险货物在物流过程中，货物包装的外表应按照规定的方式标以正确耐久的标记和标志。包装标记是指包装中内装物的正确运输名称文字；包装标志则表明包装内所装物质性质的识别图案。标记和标志的主要作用是便于从事运输作业的人员在任何时候、任何情况下都能对包装内所装的物质进行迅速的识别，以便正确地识别危险货物及危险货物所具有的危害特征，在发生危险的情况下采取相应的安全措施，避免损害的发生或降低损害的程度。根据《包装储运图示标志》（GB/T 191—2008）的规定，每种危险品包装件应按其类别粘贴相应的标志。但如果某种物质或物品还有属于其他类别的危险性质，包装上除了粘贴该类标志作为主标志以外，还应粘贴表明其他危险性的标志作为副标志，副标志图形的下角不应标有危险货物的类项号。标志应清晰，并保证在货物储运期间不脱落。标志应由生产单位在货物出厂前标打，出厂后如果改换包装，其标志由改换包装单位标打。

> **知识链接** 《民法典》对危险货物包装的规定
>
> 《民法典》第828条对运输合同中有关于危险货物包装的规定："托运人托运易燃、易爆、有毒、有腐蚀性、有放射性等危险物品的，应当按照国家有关危险物品运输的规定对危险物品妥善包装，做出危险物标志和标签，并将有关危险物品的名称、性质和防范措施的书面材料提交承运人。托运人违反前款规定的，承运人可以拒绝运输，也可以采取相应措施以避免损失的发生，因此产生的费用由托运人负担。"

### 情境分析

我们已经学习了危险货物包装法律问题的相关知识，下面我们就用这些知识解决"情境导入"中的问题。

（1）危险货物是指具有爆炸、易燃、毒害、腐蚀、放射性等性质，在运输、装卸和保管储存过程中容易造成人身伤亡和财产损毁而需要特别防护的货物。黄麻属于易燃物品，因此属于危险货物。

（2）甲公司的损失由甲公司自行承担。理由是甲公司所交付的货物是易燃物，对该货物的包装应当依照国家强制标准进行，在外包装上应有警示标志，并应告知乙服务商。案例中甲公司没有履行法定义务，造成该损失理应由甲公司承担。

## 子情境三  分析国际物流中的包装法律问题

### 情境导入

2022年7月20日，甲公司委托乙航运公司运输二氧化硫脲，起运港青岛，卸货港洛杉矶。当晚装载二氧化硫脲的轮船停泊在青岛港时，船上冒烟，经检测认定是装载二氧化硫脲的集装箱内货物自燃。原因是集装箱内的货物本身的包装不良，在装入集装箱时又未将货物与集装箱箱壁之间的缝隙用衬垫物固定，导致货物在运输过程中因震动等原因，包装破裂，货物暴露于空气中，与空气中的水分反应引起自燃。将货物自燃冒烟的集装箱卸下船，堆放在港区的危险品码头，其他集装箱继续运往目的港。船到目的港后，乙航运公司聘请检测机构对船上的污染进行检查，结论是装载二氧化硫脲集装箱的船舱有污染，导致该舱内25个集装箱的表面有化学污染痕迹。

按照《国际海运危险货物规则》，二氧化硫脲被定为4.2类危险品，包装应当气密封口，积载时仅限舱面。

问题：1. 《国际海运危险货物规则》中对危险货物包装的基本要求有哪些？
2. 本案中乙航运公司的损失由谁负责？为什么？

## 知识学习

### 一、国际物流中包装的特点

国际物流是相对于国内物流而言的，它是国内物流的延伸和发展，同样包括运输、包装、流通加工等若干子系统。相对于国内物流的包装来说，国际物流中的包装具有以下特点：

#### 1．对包装强度的要求较高

国际物流对包装强度的要求较高。国际物流的过程与国内物流相比时间长、工序多，因此在国际物流中，一种运输方式往往难以完成物流的全过程，经常采取多种运输方式联运，与此同时就增加了装卸搬运的次数及存储的时间。在这种情况下，只有增加包装的强度，才能达到保护商品的作用。

#### 2．标准化要求较高

为保障国际物流畅通，统一标准非常必要。目前，美国、欧洲等国家和地区基本实现了物流工具、设施的统一标准，大大降低了物流费用，降低了转运的难度。为了提高国际物流的效率，国际物流过程中对包装的标准化程度越来越高，以便于商品顺利地流通。

#### 3．物流环境存在差异

不同国家物流适用不同法律使国际物流的复杂性远高于一国的国内物流，不同的法律环境甚至会阻断国际物流；不同国家的不同经济和科技发展水平会造成国际物流处于不同的科技条件支撑，致使国际物流全系统水平下降；不同国家的风俗人文也使国际物流受到很大局限。由于物流环境的差异，国际物流需要在不同的法律、人文、习俗、语言、科技、设施的环境下运行，从而增加了物流的难度，也加大了国际物流中与包装有关的法律适用的复杂性。

#### 4．包装产品信息化

目前数字化、网络化、信息化成为物流发展的一大主题，物流与电子商务结合更快地促进了包装信息化的进程。物流信息存贮的数字化、电子订货系统（EOS）、电子数据交换（EDI）等技术的广泛应用，均需要产品包装走向信息化，将自动识别系统、条码技术适当地应用于包装上。物流的自动化需要在包装上有明确的标识及可以识读的信息码才能实现。

#### 5．包装材料环保化

绿色环保型物流是当今经济可持续发展的一个重要组成部分，注重生态环境、减少物流对环境造成的危害，成为物流发展的另一大主题。采用绿色环保包装材料，提高包装材料利用率，设计折叠式包装以减少空载率，建立包装的回收利用制度将成为物流包装的发展方向。

> **知识链接**
>
> 绿色包装又可以称为无公害包装和环境之友包装，指对生态环境和人类健康无害，能重复使用和再生，符合可持续发展的包装。我国对绿色包装的法律调控体现在《环境保护法》《固体废弃物防治法》《水污染防治法》《大气污染防治法》《循环经济促进法》《快递暂行条例》《限制商品过度包装要求》（GB 23350—2021）等法律中。

## 二、国际物流中包装所适用的法律

国际物流是一项跨行业、跨部门、跨国界的系统工程，涉及的环节非常广泛。在世界范围内已存在不少与包装有关的法律、法规、标准、国际公约和国际惯例。同时也有不少有关包装的试验、材料、尺寸和搬运设备的标准。

### 1. 国际物流参与国的国内法

国际物流是商品在不同国家的流动，所以其包装应该遵守相关国家的法律规定。这里的相关国家指的是物流过程的各个环节所涉及的国家，如运输起始地所在国、仓储地所在国、流通加工地所在国。国际物流中的包装必须遵守参与国际物流国家的关于包装的强制法，对于任意性的法律规定及当事人可以选择适用的法律，可以由当事人自行决定。

> **知识链接**　《海商法》第68条
>
> 托运人托运危险货物，应当依照有关海上危险货物运输的规定，妥善包装，作出危险品标志和标签，并将其正式名称和性质以及应当采取的预防危害措施书面通知承运人；托运人未通知或者通知有误的，承运人可以在任何时间、任何地点根据情况需要将货物卸下、销毁或者使之不能为害，而不负赔偿责任。托运人对承运人因运输此类货物所受到的损害，应当负赔偿责任。

### 2. 相关的国际公约

目前世界上并没有专门规定商品包装的国际公约，但是在国际贸易和国际运输领域的公约中包含着对商品包装的规定，如《1978年联合国海上货物运输公约》《联合国国际货物销售合同公约》等。

## 三、《国际海运危险货物规则》中对危险货物包装的基本要求

随着工业及贸易全球化的发展，通过海上运输的危险货物品种和数量也随之大幅度增长。为了有效防止事故发生，保护海上环境，各国政府普遍开始重视对海上运输危险货物的安全管理，通过法律要求经营、运输危险货物的各方承担不同的义务。由于各种规章和习惯做法在运作机制、货物识别和标志上各不相同，术语也不一致，对包装和积载的规定也因国而异，因此给所有直接从事危险货物运输的人员在各方面造成了困难。

为了对海上运输危险货物加强国际管理，国际海事组织制定了一个统一的《国际海运危险货物规则》，该规则主要涉及危险货物的分类、包装和标志、装载和卸载、运输文件和标签等方面的规定。规则规定了哪些物质被认定为危险货物，根据危险性质和程度把危险货物分为9个类别，每个类别下又分为不同分级，同时对这些危险货物的包装、标记、运输方式、船舶舱

位、运输文件等做出了详细的规定和标准,以确保其不影响船舶的安全性和其他货物及其他人的安全。规则也规定了危险货物运输前需要向船方申报、检验及确认等程序,以及在事故发生时的急救、遗留物处置等细节。

《国际海运危险货物规则》适用于所有通过国际海上运输的危险货物,无论其是装载在集装箱中,还是散装装载在船只的其他部位。与其他相关规范不同,该规则是国际上广泛认可的标准,在全球航运领域具有权威性,实现了在国际层面上关于危险货物的识别、包装、贮存、装卸和运输的统一标准化管理。许多国家通过本国立法将该规则的要求付诸实施。目前,世界上许多国家在海上运输危险货物方面执行该规则,并将其作为强制性规范。我国自1982年10月开始实施该规则,但在实施过程中,根据自身国情和航运实际情况,对规则进行了一些本土化的调整和完善。同时,我国还制定了一系列相关的法律法规和标准,如《中华人民共和国海上交通安全法》《危险化学品安全管理条例》等,与其相配套,共同规范我国海上危险货物运输活动。《国际海运危险货物规则》对危险物品的包装做了以下规定:

### 1. 包装的材质、种类应与所装危险货物的性质相适应

危险货物的种类不同,性质也有所差异,所以对包装的要求也不相同,这一点在一些化学制品上表现得十分明显。包装应该具备一定的强度,以保证在正常的海运条件下,包装内的物质不会散漏和受到污染。越危险的货物对包装的要求也越高,同样危险的货物单件包装重量越大,对包装的强度要求也越高。同时,包装的强度也应该与运输的长度成正比。包装的设计应考虑到在运输过程中温度、湿度的变化。包装应该保证在环境发生变化的情况下不发生损坏。

### 2. 包装的封口应该符合所装危险货物的性质

采用什么样的封口应该由所装的危险货物的性质来决定。封口可以分为气密封口、液密封口。在通常情况下,危险物质的包装封口应该严密,特别是易挥发、腐蚀性强的气体。但是,有些物质由于温度上升或其他原因会散发气体,使容器内的压力逐渐加大,导致危险的发生,对于这种货物,封口不能密封。

### 3. 内外包装之间应该有合适的衬垫

内包装应处于外包装内,以防止内包装发生破裂、渗漏和戳破,使货物进入外包装。在内外包装之间应该采取适当的减震衬垫材料。衬垫不能削弱外包装的强度,而且衬垫的材料还必须与所装的危险货物的性能相适应,以避免危险的发生。

### 4. 包装应该能经受一定范围内温度和湿度的变化

在物流过程中,包装除具有一定的防潮衬垫外,本身还要具有一定的防水、抗水性能。

### 5. 包装的重量、规格和形式应便于装卸、运输和储存

根据《国际海运危险货物规则》的规定,包装最大容量为450升,最大净重为400千克。同样包装的外形尺寸与船舱的容积、载重量、装卸机具应该相适应,以方便装卸、积载、搬运和储存。

### 情境分析

我们已经学习了国际物流中的包装法律问题的相关知识,下面我们就用这些知识解决"情境导入"中的问题。

（1）参考本书内容。

（2）乙航运公司的损失由甲公司负责。理由是《海商法》第68条规定："托运人托运危险货物，应当依照有关海上危险货物运输的规定，妥善包装，作出危险品标志和标签，并将其正式名称和性质以及应当采取的预防危害措施书面通知承运人；托运人未通知或者通知有误的，承运人可以在任何时间、任何地点根据情况需要将货物卸下、销毁或者使之不能为害，而不负赔偿责任。托运人对承运人因运输此类货物所受到的损害，应当负赔偿责任。"

## 闯关考验

### 一、单项选择题

1. 销售包装的基本要求一般不包括（　　）。
   A. 图案设计　　　B. 文字说明　　　C. 条码　　　D. 包装材料

2. 在买卖合同的包装条款及有关运输的单据中，涉及的运输包装上的标志是（　　）。
   A. 警告性标志　　　　　　　　B. 指示性标志
   C. 运输标志　　　　　　　　　D. 条码标志

3. 根据《危险货物运输包装通用技术条件》《船舶载运危险货物安全监督管理规定》及其他相关法规的规定，我国对危险货物包装的基本要求，下列说法不正确的是（　　）。
   A. 应该能够保护货物的质量不受损坏
   B. 保证货物数量上的完整
   C. 防止物流过程中发生燃烧、爆炸、腐蚀、毒害、放射性辐射等事故造成的损害
   D. 危险货物包装的基本要求、等级分类、性能试验、检验方法等都应该符合国家推荐性标准

4. 根据《国际海运危险货物规则》的规定，包装最大容量为（　　）升，最大净重为（　　）千克。
   A. 400，400　　　B. 450，450　　　C. 400，450　　　D. 450，400

5. 除爆炸品、压缩气体、液化气体、感染性物品和放射性物品的包装外，对危险货物的包装按其防护性能分类，错误的是（　　）。
   A. Ⅰ类包装，即适用于盛装低度危险性的货物的包装
   B. Ⅱ类包装，即适用于盛装中度危险性的货物的包装
   C. Ⅲ类包装，即适用于盛装低度危险性的货物的包装
   D. Ⅰ类包装，即适用于盛装高度危险性的货物的包装

### 二、多项选择题

1. 包装法律规范的特点是（　　）。
   A. 强制性　　　B. 标准性　　　C. 技术性　　　D. 分散性

2. 下列行为，属于侵犯注册商标专用权的是（　　）。
   A. 销售侵犯注册商标专用权的商品的
   B. 伪造、擅自制造他人注册商标标识或者销售伪造、擅自制造的注册商标标识的

C. 未经商标注册人同意，更换其注册商标并将该更换商标的商品又投入市场的

D. 给他人的注册商标专用权造成其他损害的

3. 关于《危险货物运输包装通用技术条件》适用的情况，下列说法错误的是（　　　　）。

   A. 盛装各种物质的运输包装

   B. 净重超过 400 千克的包装

   C. 盛装危险货物的运输包装

   D. 盛装压缩气体和液化气体的压力容器的包装

4. 危险货物运输包装的防护材料应具备（　　　　）。

   A. 应与内装物性能相容

   B. 符合运输包装件总体性能的需要

   C. 能经受运输途中的冲击与震动

   D. 当内容器损坏、内装物流出时也能保证外包装安全无损

5. 危险货物是指具有爆炸、（　　　　）等性质，在运输、装卸和保管储存过程中容易造成人身伤亡和财产损毁而需要特别防护的货物。

   A. 易燃　　　　B. 毒害　　　　C. 腐蚀　　　　D. 放射性

6. 根据《危险货物运输包装通用技术条件》的规定，危险货物运输包装的强度及采用的材质应满足（　　　　）基本要求。

   A. 应结构合理，具有一定强度，防护性能好

   B. 应与所装危险货物的性质和用途相适应

   C. 包装与内包装直接接触部分必要时应该有内涂层或进行防护处理

   D. 应符合危险货物运输包装性能测试的要求

7. 国际物流中包装的特点是（　　　　）。

   A. 对包装强度的要求较高　　　　B. 标准化要求较高

   C. 包装产品信息化　　　　D. 包装材料环保化

8. 《国际海运危险货物规则》中对危险货物包装的基本要求，下列说法正确的是（　　　　）。

   A. 包装的材质、种类应与所装危险货物的性质相适应

   B. 包装的封口应该符合所装危险货物的性质

   C. 内外包装之间应该有合适的衬垫

   D. 包装应该能经受一定范围内温度和湿度的变化

9. 《国际海运危险货物规则》主要涉及（　　　　）等方面的规定。

   A. 危险货物的分类　　　　B. 包装和标志

   C. 装载和卸载　　　　D. 运输文件和标签

10. 《国际海运危险货物规则》对危险货物的（　　　　）等做出了详细的规定和标准，以确保其不影响船舶的安全性和其他货物及其他人的安全。

    A. 包装、标记　　　　B. 运输方式

    C. 船舶舱位　　　　D. 运输文件

### 三、简述题

1. 简述物流企业在包装中的法律地位。
2. 简述销售包装和运输包装的基本要求。
3. 简述《危险货物运输包装通用技术条件》对危险货物运输包装强度、材质等的要求。
4. 简述《国际海运危险货物规则》中对危险货物包装的基本要求。

### 四、技能训练

2020 年某日,某日用化工品生产厂购进一批浓硫酸等具有腐蚀性的原料,这些原料有的用强化玻璃瓶装置,有的用密封硬塑料桶承载。该化工品生产厂与某物流公司签订合同,明确告知了所运输商品的详细情况,物流公司采用内层为普通钢材质制成的集装箱运输该批货物。在运输途中,路途颠簸,个别玻璃瓶和塑料桶破损,浓硫酸等具有腐蚀性的原料流入集装箱内。由于集装箱材料为普通钢,所以被浓硫酸腐蚀,造成箱体、车体部分损坏。物流公司要求化工品生产厂赔偿损失。

将同学按 4～6 人一组进行分组,每组派一人专门记录,然后完成以下实训。

(一)案例分析

化工品生产厂有责任赔偿物流公司的损失吗?为什么?

(二)实践提升

以小组为单位,网上资料检索和实地走访调研相结合,查找如何正确地包装和运输浓硫酸等化工品。

包装法律纠纷案例

# 情境七
# 依法开展货物运输活动

## 篇首语

运输是物流的主要功能要素之一，承担着改变物品空间状态的任务。根据运输工具的不同，货物运输又可划分为水路货物运输、铁路货物运输、公路货物运输、航空货物运输、管道货物运输，每种运输方式都有与之相适应的法律制度加以规范，如《民法典》《海商法》《铁路法》《道路运输条例》《民用航空法》等。本情境主要学习海上货物运输、水路货物运输、铁路货物运输、公路货物运输、航空货物运输、多式联运方面的法律制度。经济形式瞬息万变，法律制度也与时俱进，本部分根据运输法律制度的制定、修改、废除实际情况，及时更新学习内容。通过对不同运输方式的法律制度学习，学习者掌握不同运输方式涉及的法律制度，能够运用法律制度分析运输中出现的法律问题，指导自己依法从事货物运输工作，树立实事求是的工作态度和爱岗敬业的责任意识。

## 学习目标

**知识目标：**

- 理解货物运输中的货损责任和时效。
- 掌握海上、水上、铁路、公路、航空货物运输合同当事人的义务和责任。
- 理解国际航空货物运输承运人的免责事项和责任限额。
- 掌握多式联运经营人的责任期间和责任形式。

**能力目标：**

- 能够运用所学知识分析海上、水上、铁路、公路、航空、多式联运货物运输法律问题。

**素质目标：**

- 学习承运人的义务，树立客户至上的服务意识和理念。
- 学习提单的分类，培养实事求是的工作态度。
- 学习违约责任，养成爱岗敬业的责任意识。

物流法律法规

## 知识导图

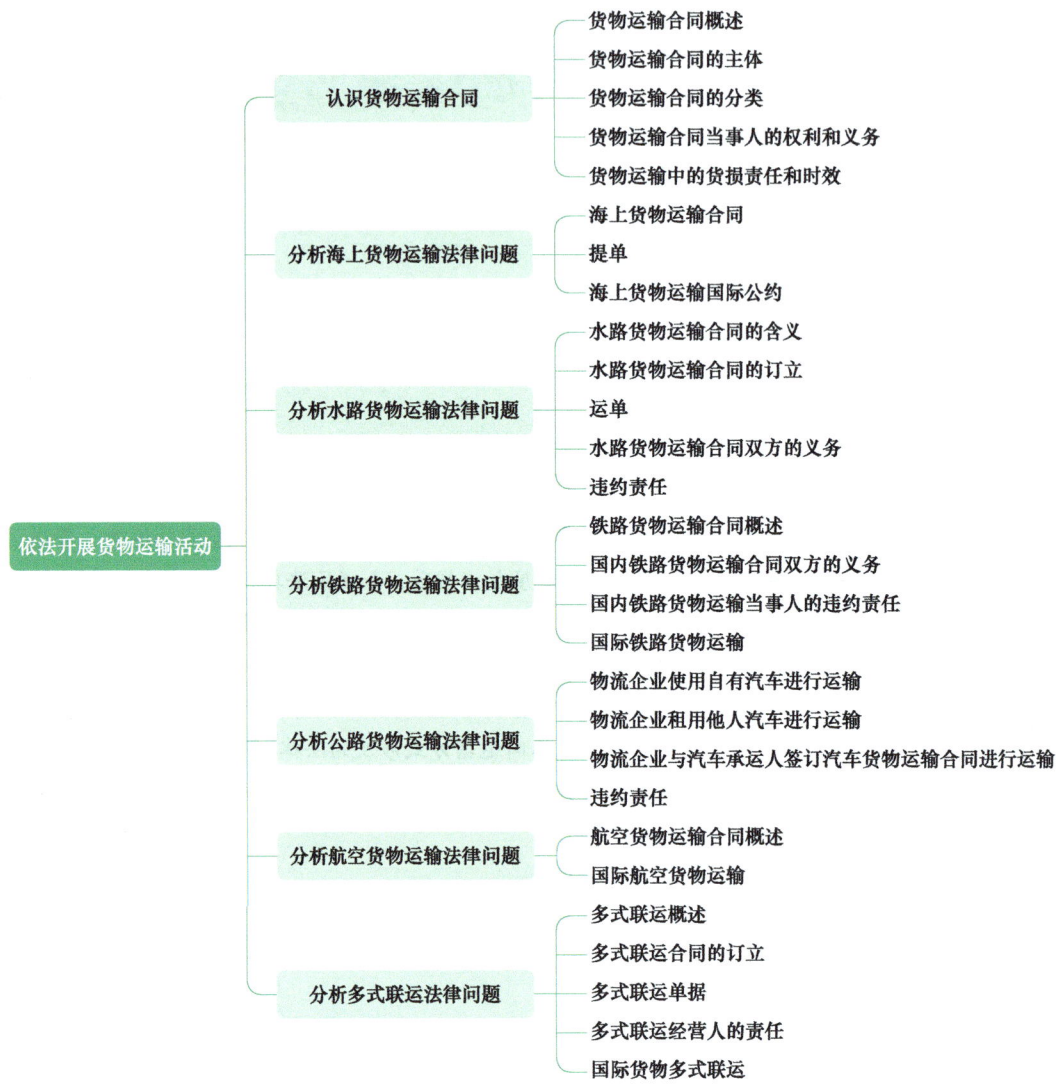

## 子情境一　认识货物运输合同

### 情境导入

2022年8月1日，兰州某水果批发商向长春市某水果公司出售10吨哈密瓜，由于气温高，约定8月3日之前货物必须运到长春站，否则拒绝接货。兰州某水果批发商委托致远物流公司托运，并签订合同，约定8月3日之前货物必须运到长春站。由于运输途中汽车故障，8月4日货物才到达长春站。长春市某水果公司在8月4日接到货物到长春站的通知后，由于库房问题，于

8月5日才去接货，致使部分哈密瓜已经变质。于是长春市某水果公司拒绝接货。

问题：1. 本案例中托运人、承运人和收货人分别是谁？
　　　2. 致远物流公司有哪些义务？
　　　3. 哈密瓜变质的损失由谁承担？

## 知识学习

### 一、货物运输合同概述

#### 1. 货物运输合同概念

货物运输合同，是指承运人按约定期限将货物运输到约定地点交给收货人，托运人支付运费的合同。运输合同是承运人和托运人双方对运输中的各主要事项，特别是双方的权利和义务进行约定的产物。

#### 2. 货物运输合同的法律特征

货物运输合同具有以下法律特征：

（1）货物运输合同的标的是承运人的运送行为，而不是被运送的货物本身。因而，货物运输合同属于提供劳务的合同。货物运输合同以货物交付给收货人为履行终点。

（2）货物运输合同是双务有偿合同。承运人和托运人双方均负有义务，其中，承运人不仅须将货物运送到指定地点，而且还须将货物交付给收货人，其义务才算履行完成，而托运人须向承运人支付运费。

（3）货物运输合同属于为第三人利益订立的合同。货物运输合同往往有第三人参加，即承运人、托运人之外的收货人。虽然收货人并非签订合同的当事人，但他可以独立享有合同约定的权利，并承担相应的义务。如果运输合同约定由收货人支付运费，则属于由三方当事人参加的运输合同，必须有收货人的同意，合同才能成立。

（4）货物运输合同大多是诺成合同。大宗货物的长期运输合同一般为诺成合同，双方在协议上签字，合同即告成立；零担货物或集装箱货物运输合同一般为实践合同，以货物的交付验收为成立要件，承运人在运单上加盖承运日期戳之时合同成立。

（5）货物运输合同可以采用留置的方式担保。

（6）货物运输合同大多是格式合同。大部分货物运输合同的主要内容和条款都是国家授权交通运输部门以法规的形式统一规定的，双方当事人无权自行变更。

### 二、货物运输合同的主体

#### 1. 托运人

托运人是指与承运人订立货物运输合同并将货物交给承运人运输的人。他是货物运输合同的一方当事人，可以是自然人、法人或非法人组织，可以是货物的所有人、货物所有人委托的代理人或货物的保管人。

### 2. 承运人

承运人是指与托运人订立货物运输合同并提供运输服务的人，包括运输企业和从事运输服务的个人。他是货物运输合同的另一方当事人，负责用约定的运输方式把货物运送到指定的目的地。

**知识链接** 承运人的确定

承运人必须是与托运人订立运输合同的人。例如，在多式联运中，合同的当事人是签订多式联运合同的托运人与多式联运经营人，实际从事运输活动的各区段的承运人，并不是多式联运合同的当事人。

运输工具的所有权人也不一定是承运人。一般情况下，运输工具的所有权人自己经营运输业务并与托运人订立运输合同。在实践中有很多运输工具的非所有权人从事运输活动的情况，在这种情况下，也必须是订立运输合同的人才是承运人。

### 3. 收货人

收货人是依运输合同的约定而接受承运人送达的货物的人，也是托运人指定的领取货物的人。收货人可以是个人、法人或非法人组织，一般是承运人和托运人以外的第三人。托运人也可以指定自己作为收货人。

## 三、货物运输合同的分类

货物运输合同可以根据不同的标准作不同分类：

（1）以运输合同的对象为标准，货物运输合同可以分为普通货物运输合同、特种货物运输合同和危险货物运输合同。

（2）以运输工具为标准，可以将货物运输合同分为铁路货物运输合同、公路货物运输合同、水路货物运输合同、航空货物运输合同、管道货物运输合同等。

（3）以货物运输方式为标准，可以将货物运输合同分为单一货物运输合同和联合货物运输合同。联合货物运输合同又可分为国内联合货物运输合同和国际联合货物运输合同。

## 四、货物运输合同当事人的权利和义务

### （一）托运人的义务

（1）提供货物、支付费用的义务。在诺成性的货物运输合同中，托运人应按照合同约定的时间和要求提供托运的货物，并向承运人交付运费等费用。托运人未按照合同约定提供托运货物或者未履行其他义务，造成承运人人身、运输工具或其他财产损害的，应当承担赔偿责任。

（2）如实告知义务。托运人办理货物运输，应当向承运人准确表明收货人的姓名、名称或者凭指示的收货人，货物的名称、性质、重量、数量、收货地点等有关货物运输的必要情况。告知的内容必须充分、完整和准确，除危品的名称、性质以外，还应包括防止危险和急救措施等内容。因托运人申报不实或者遗漏重要情况，造成承运人损失的，托运人应当承担赔偿责任。

> **知识链接** 托运单的填交
>
> 申报情况主要是通过填写有关运输单据体现的，在办理货物交接手续时，托运人应按规定填交托运单。对于承运人来说，托运单就是代运货物的情况说明书，并且是货物的附随证券，从而使承运人知晓货物的情况以及运输的目的地和收货人。

（3）提交相关文件的义务。货物运输需要办理审批、检验手续的，托运人应当将有关审批、检验的文件提交承运人。

（4）托运人应当按照约定的方法包装货物的义务。对包装方式没有约定或者约定不明确的，可以协议补充；不能达成补充协议的，按照合同相关条款或交易习惯确定。仍然不能确定的，应当按照通用的方式包装；没有通用方式的，应当采取足以保护货物且有利于节约资源、保护生态环境的包装方式。托运人违反前款规定的，承运人可以拒绝运输。

因为包装的原因发生货物毁损灭失的，损失由托运人自行负责。承运人明知包装不合格而承运的，应当对该损失负责。双方都有过错的，按照各自过错的大小分别承担责任。实践中一般是承运人提出包装要求，如果托运人不同意，则可以通过包装试运协议明确双方的权利义务。

（5）托运危险货物时的义务。托运人托运易燃、易爆、有毒、有腐蚀性、有放射性等危险物的，应当按照有关危险物的运输规定办理。托运人应对危险物妥善包装，并在包装上明确标注危险物品的标志和标签，同时应将有关危险物的名称、性质和防范措施的书面材料提交承运人。托运人违反此义务，承运人可以采取相应措施以避免损害的发生，因此产生的费用由托运人负担。

## （二）承运人的义务

（1）提供适合的运输工具的义务。承运人应按照合同约定配备运输工具，按期将货物送达目的地。否则，应向托运人支付违约金。适合的运输工具包括两层含义：一是运输工具具有抵御运输途中通常出现的或能合理预见的自然风险的能力；二是运输工具适合装载合同约定的货物。如，船舶要处于适航状态，妥善配备船员，装备船舶和配备供应品，并使干货舱、冷藏舱、冷气舱和其他载货处所适于并能完全接受、载运和保管货物。

（2）按照约定或合理经济的原则确定运输线路的义务。承运人应当按照合同的约定或者通常的线路将货物运输到约定地点。但水路运输承运人为救助或企图救助人命或财产而发生的绕航或其他合理绕航，不属于违反此规定。

> **职业提示**
>
> 在将货物运往目的地的过程中，通常存在多条线路可供选择的情况，在这种情况下，承运人要根据托运人指定的线路进行运输。当托运人没有指定具体线路时，承运人要根据勤勉谨慎的原则，为托运人选择一条合理经济的线路进行运输。当承运人设身处地为托运人利益考虑时，才能赢得托运人的信任。无论从事何种职业，我们都要牢固树立"客户利益至上"的理念，将客户利益作为我们永远的目标和追求，只有这样，才能获得更多客户的支持和青睐。

（3）妥善装卸货物的义务。按合同约定或有关规定由承运人负责装卸的，承运人应严格遵守作业规范，保证装卸质量。水上货物运输除按约定或货运习惯外，承运人不得将货物装载于船面甲板。

（4）保管义务。承运人受领托运人托运的物品后，即负有善良管理人的注意义务，应妥善保管货物。在到达约定地点后交付收货人之前，也应妥善保管货物。

（5）安全运输义务。承运人对货物的运输安全负责，保证货物在运输过程中不受损害。货物在承运责任期间内，发生毁损或灭失，承运人应当负赔偿责任。货物错运到货地点或收货人的，应无偿运至合同约定的到货地点或收货人；货物逾期运到的，应偿付逾期交货的违约金。

（6）即时通知和交付义务。货物运到后，承运人应当及时通知收货人。承运人在货物运到后交付收货人之前，负有妥善保管货物的义务。收货人不明或者收货人拒绝受领货物的，承运人应当及时通知托运人，并请求其在合理期限内对货物的处理作出指示。无法通知托运人，或者托运人未作指示或者指示事实上不能实行的，承运人可以提存货物；货物不宜提存的，承运人可以拍卖或者变卖该货物，扣除运费、保管费以及其他必要的费用后，提存剩余价款。

### （三）承运人的留置权

承运人为保全其运费或其他费用请求权，在托运人或收货人不支付运费、保管费以及其他运输费用的情况下，承运人对相应的运输货物享有留置权。承运人行使留置权，必须符合法律所规定的条件：

（1）承运人的债权必须与运输的货物有关联关系。承运人的债权包括：为了追索因运输而产生的运费、保管费与其他费用（如垫付关税、报关费、运输物的改装费等），以及由此产生的利息、违约金、损害赔偿金、留置物担保费用和实现留置权的费用。

（2）承运人必须直接、合法地占有货物。如果承运人已经失去对货物的占有，比如已经将货物交付给收货人，则不能再行使留置权。

（3）必须是运输合同所约定的运费等费用已到支付期限。在履行期限届满之前，承运人无权留置运输的货物。

（4）必须符合运输合同中当事人的特别约定。如果当事人双方特别约定不得留置货物，承运人就不得行使留置权。

（5）所留置货物的价值应当与费用数额相等。如果可以留置的货物为可分物，如大米等，留置物的价值应相当于费用的数额；如果货物属于不可分物，如钻石、汽车等，承运人可以将全部货物留置，在留置权实现后，应把剩余金额返还给债务人。

### （四）收货人的义务

（1）提货义务。收货人收到提货通知后，应当及时提货。收货人请求交付货物时，应当将提单或者其他提货凭证交还承运人。逾期提货的，应当向承运人支付保管费。

（2）验货义务。收货人提货时应当按照约定的期限检验货物，发现货物有毁损、灭失的，收货人应当在接受货物之日起3日内通知承运人；对不能立即发现的毁损或者部分灭失，收货人应当在接受货物之日起 15 日内通知承运人。怠于通知的，承运人免除赔偿责任，但承运人恶意掩蔽或者货物毁损、灭失是由承运人故意或者重大过失造成的除外。

（3）支付运费、保管费或其他费用的义务。收货人不支付运费、保管费或其他费用的，承运人对相应的运输货物享有留置权，但当事人另有约定的除外。

### 五、货物运输中的货损责任和时效

承运人对承运的货物在交付收货人前毁损、灭失应当承担赔偿责任。但是，如果承运人能够证明货物的毁损、灭失是由不可抗力、货物本身原因或者托运人、收货人的过失造成的，则不承担赔偿责任。

货物毁损、灭失时，其赔偿额依照交付时到达地的市场价格计算。保价运输的，按照托运人声明的价格计算。法律规定有赔偿限额的，适用其规定，但如果损失是由于承运人的故意或者重大过失造成的，不适用赔偿限额的规定。

承运人应当对运输迟延给收货人造成的损失承担赔偿责任，但损害赔偿的金额不得超过货物全部灭失的情况下可请求的赔偿额。承运人迟延 30 日仍不能交货的，托运人或者收货人有权按照货物灭失请求赔偿。

货物在运输过程中因不可抗力灭失，未收取运费的，承运人不得请求灭失部分货物的运费；已收取运费的，托运人不得请求返还。托运人或者收货人向承运人请求赔偿的时效为 180 日，时效期间自承运人交付货运记录的次日起算。

> **知识链接** 托运人索赔与保险人的代位求偿权
>
> 如果托运人在托运货物时自愿办理了货物运输保险，在发生货物的毁损、灭失等保险事故时，可根据保险合同向保险人索赔。但保险人给付保险金后取得对承运人的赔偿金的代位求偿权。

### 📄 情境分析

我们已经学习了货物运输合同的相关知识，下面我们就用这些知识解决"情境导入"中的问题。

（1）托运人是兰州某水果批发商，承运人是致远物流公司，收货人是长春市某水果公司。

（2）致远物流公司作为承运人，应当承担下列义务：

①提供适合的运输工具的义务。

②按照约定或合理经济的原则确定运输线路的义务。

③妥善装卸货物的义务。

④保管义务。

⑤安全运输义务。

⑥即时通知和交付义务。

（3）哈密瓜变质的损失由致远物流公司承担。理由是致远物流公司作为承运人，有义务将货物安全及时送达目的地，但事实上致远物流公司没有将哈密瓜按期送到，所以应当对运输迟延造成的损失承担赔偿责任。

## 子情境二　分析海上货物运输法律问题

### 情境导入

中国 A 公司与乙国 B 公司签订国际货物买卖合同，向 B 公司采购一批水果，价格条件为 CFR，装运港的检验证书作为议付货款的依据，但约定买方在目的港有复验权，货物在装运港检验合格后交由 C 公司运输。由于乙国当时发生疫情，船舶到达中国目的港外时，中国有关部门对船舶进行了熏蒸消毒，该工作进行了数日。之后 A 公司在目的港复验时发现该批水果已全部腐烂。

问题：1. C 公司应当履行哪些义务？
　　　2. C 公司是否可免责？

### 知识学习

海上货物运输是指使用船舶经过海路或与海相通的可航水域，将货物从一个港口运送到另一个港口的运输方式，分为国际海上货物运输和国内沿海运输。按照我国法律规定，国际海上货物运输适用《海商法》第四章规定；我国港口间的海上货物运输，即沿海运输，则适用《民法典》运输合同的规定。本子情景主要学习国际海上货物运输法律知识。

#### 一、海上货物运输合同

##### （一）海上货物运输合同的概念

**1. 海上货物运输合同的含义**

我国《海商法》第 41 条规定："海上货物运输合同，是指承运人收取运费，负责将托运人托运的货物经海路由一港运至另一港的合同。"

在海上货物运输合同中，承运人是一方当事人，通常称为船方，是指本人或者委托他人以本人名义与托运人订立海上货物运输合同的人。托运人是另一方当事人，称为货方，是指本人或者委托他人以本人名义或者委托他人为本人与承运人订立海上货物运输合同的人；本人或者委托他人以本人名义或者委托他人为本人将货物交给与海上货物运输合同有关的承运人的人。海上货物运输合同的标的物是海上货物，包括活动物和由托运人提供的用于集装货物的集装箱、货盘或者类似的装运器具。

**2. 海上货物运输合同的法律特征**

海上货物运输合同与其他合同一样，是当事人根据法律规定，设立、变更、终止民事法律关系的协议。但是，海上货物运输合同除了具有所有合同的共同特征之外，还具有下列特征：

（1）双务合同。海上货物运输合同的双方当事人都享有权利，同时负有义务。船方享有收取运费的权利，同时负有安全运送货物的义务；货方享有接受货物或向船方索赔的权利，同时负有支付运费的义务。

（2）有偿合同。船方提供运输服务，同时取得运费报酬；货方享受船方提供的运输服务，同时以支付运费为代价。

（3）直接涉及他人。海上货物运输合同的当事人虽然只有两方，但它却直接涉及他人，即收货人。收货人是指有权提取货物的人，他虽然不参加合同的签订，但根据合同约定却有权直接取得合同约定的利益，并受合同的约束。

（4）通常属于要式合同。一般说来，海上货物运输合同既可采用书面形式也可以采用口头形式，但我国《海商法》明确规定航次租船合同应当书面订立。而且，海上货物运输合同多采用承运人或航次租船的出租人或多式联运经营人事先拟订的标准合同格式。

### （二）海上货物运输合同的种类

海上货物运输合同主要包括件杂货运输合同和航次租船合同两种。

（1）件杂货运输合同。又称零担运输合同，是指承运人在不出租船舶的情况下负责将件杂货由一港运至另一港，而由托运人支付运费的协议。件杂货运输合同，通常是班轮运输所采用的。按照这种运输方式，承运人接受众多托运人的货物，将它们装于同一船舶，按规定的船期，在一定的航线上，以规定的港口顺序运输货物。件杂货运输合同大多数是以提单的形式表现和证明的，因此件杂货运输又被称作提单运输。海运单作为件杂货运输合同的特别形式，在国际海运实践中的应用日趋广泛。

（2）航次租船合同。又称航程租船合同，是指船舶出租人向承租人提供船舶或者船舶的部分舱位，装运约定的货物，从一港运至另一港，并由承租人支付约定运费的合同。这种合同具体又分为单航次租船合同、往返航次租船合同、连续单航次租船合同、连续往返航次租船合同等多种形式。此类合同适用于不定期船舶运输。

### （三）海上货物运输合同的订立

海上货物运输合同是平等主体的船货双方的一种商事法律关系。这种商事法律关系的产生始于海上货物运输合同的成立，而合同的成立必须借助于双方当事人订立合同的商事法律行为。海上货物运输合同的订立在法律上与其他合同一样，其订立的过程就是双方当事人协商一致的过程，要经过要约和承诺两个阶段。但是，从实务的角度来看，就订立的具体方式和程序而言，件杂货运输合同与航次租船合同又各具特色。

从事件杂货运输的班轮公司，通常在其航线经过的地方或其他地方设有营业场所或代理机构。货物托运人及其代理人在向班轮公司或其上述机构申请货物运输时，通常要填写订舱单，并载明货物的品种、数量、装船期限、卸货港等内容。承运人根据上述内容并结合情况决定是否接受，如果接受托运，即在订舱单上指定船名并签字，运输合同即告成立。我国各专业进出口公司在出口货物时，通常采取的办法是，由中国对外贸易运输公司作为托运人向中国船务代理公司或中国外轮代理公司办理托运手续。班轮运输的特点决定了件杂货运输合同一般通过订舱的方式成立。

航次租船合同与件杂货运输合同不同，它除了由船舶出租人和承租人直接洽谈协商外，通常还通过船舶经纪人达成。船舶经纪人受出租人或承租人的委托，代表出租人或承租人磋商租船事宜。在航运实践中，一些航运组织、船公司、货主组织和大货主，事先根据不同航线或货种的需要，拟订租船合同标准格式，以供订约时参考。实际上，几乎所有的租船合同，都是双方当事人在协议选用的标准合同基础上，订立附加条款，对原有条款进行修改、删减和补充而达成的。

无论是件杂货运输合同，还是航次租船合同，都要采取一定的形式才能成立。我国《海商法》第43条规定："承运人或者托运人可以要求书面确认海上货物运输合同的成立。但是，航次租船合同应当书面订立。电报、电传和传真具有书面效力。"

### （四）海上货物运输合同当事人的义务和责任

#### 1. 承运人的义务

（1）提供船舶并保证适航的义务。

船舶是海上货物运输的工具。承运人应提供约定的船舶，并保证适航，这是承运人在海上货物运输合同中最主要的义务。我国《海商法》第47条规定："承运人在船舶开航前和开航当时，应当谨慎处理，使船舶处于适航状态，妥善配备船员、装备船舶和配备供应品，并使货舱、冷藏舱、冷气舱和其他载货处所适于并能安全收受、载运和保管货物。"承运人在这方面的义务又称为"适航义务"，具有法定义务的性质。

> **知识链接　适航义务**
>
> 适航义务的具体内容包括三个方面：
>
> 其一，适航义务的时间界限是"船舶开航前和开航当时"，通常不要求在全部航程的存续期间均履行该项义务。
>
> 其二，适航义务的主观状态是"谨慎处理"，即承运人应当在考虑预定航次的风险、船舶的技术状态和货物的性质等因素后，对船舶采取合理措施。这适用于"妥善配备船员、装备船舶和配备供应品"三个具体行为或措施。
>
> 其三，适航义务的客观标准是"使货舱、冷藏舱、冷气舱和其他载货处所适于并能安全收受、载运和保管货物"。

（2）装卸、运送和交付货物的义务。

承运人应当妥善地、谨慎地装载、搬移、积载、运输、保管、照料和卸载所运货物，又称"管货义务"，也属于法定义务，适用于整个航程的存续期间。

管货义务的主观状态要求承运人做到"妥善"和"谨慎"，并且要求此种主观状态具体地适用于"装载、搬移、积载、运输、保管、照料和卸载等七种管理货物的行为或措施"。管货义务的客观标准应依据预定航程的海上危险、船舶的技术标准和状态、货物的性质、航运习惯等因素确定。

（3）合理速遣义务。

承运人应当按约定的或者习惯的或者地理上的航线将货物运往卸货港，即"合理速遣义务"，也属于法定义务，包括按顺序选择航线和不得非合理绕航两方面的内容。在班轮运输的情况下，承运人应当按照船期表的规定，使船舶按时在装货港停泊，并将托运人早已备好的货物装船积载。货物装载妥当后，船舶应按船期表的规定准时启航。

船舶启航后，应按约定的或者习惯的或者地理上的航线航行，除为救助或者企图救助人命、财产而绕航或者其他合理绕航外，不得发生不合理的绕航。同时，在航行过程中，承运人还应妥善保管和照料所载货物。货到目的港后,承运人应将船舶停泊在适于卸货的地点,并将货物卸下交付给提单中载明的收货人、提单受让人或其代理人。

### 2. 承运人的责任

我国《海商法》对承运人违约的损害赔偿责任也作了详细、系统的规定。

(1) 承运人的责任期间。

承运人的责任期间是指承运人对货物运送负责的期间。我国《海商法》第46条规定:"承运人对集装箱装运的货物的责任期间,是指从装货港接收货物时起至卸货港交付货物时止,货物处于承运人掌管之下的全部期间。承运人对非集装箱装运的货物的责任期间,是指从货物装上船时起至卸下船时止,货物处于承运人掌管之下的全部期间。"

上述规定表明,我国《海商法》以承运人掌管之下的全部期间作为确定承运人责任期间的基本原则,同时又根据是否使用集装箱的装运方式对这一期间作了具体的不同规定。并且在原则规定之外,就非集装箱装运的货物,又允许当事人就这一责任期间之外的责任达成协议。这充分体现了原则性与灵活性相统一,强制性与任意性相结合的立法指导思想。

(2) 承运人的免责范围和赔偿责任原则。

在责任期间货物发生的灭失或者损坏是由于下列原因之一造成的,承运人不负赔偿责任:①船长、船员、引航员或者承运人的其他受雇人在驾驶船舶或者管理船舶中的过失;②火灾,但是是由于承运人本人的过失所造成的除外;③天灾、海上或者其他可航水域的危险或者意外事故;④战争或者武装冲突,政府或者主管部门的行为、检疫限制或者司法扣押;⑤罢工、停工或者劳动受到限制,海上救助或者企图救助人命、财产;⑥托运人、货物所有人或者他们代理人的行为;⑦货物的自然特性或者固有缺陷;⑧货物包装不良或者标志欠缺、不清;⑨经谨慎处理仍未发现的船舶潜在缺陷;⑩并非由于承运人或者承运人的受雇人、代理人的过失造成的。承运人依照前款规定免除赔偿责任的,除第2项规定的原因外,应负举证责任。

> **知识链接** 国际海上货物运输的归责原则
>
> 与国内水路货物运输实施的完全过错责任原则不同,对国际海上货物运输承运人实行不完全的过错责任原则,或称为过错责任原则加列明的过失免责,即承运人对货物在其责任期间发生的灭失或损害是否负责,应以其本人、代理人或受雇人有无过错而定,有过错就应负责,没有过错可不负责任。
>
> 但如果货物的损失是由于船长、船员或其他受雇人员在驾驶船舶或管理船舶方面的过失所造成的,承运人可以免责,这称为航海过失免责。如果货物的损失是由于以上人员的过失所造成的火灾所导致的,承运人也可以免责,此称为火灾免责。

(3) 承运人赔偿责任范围及赔偿责任限制。

①承运人赔偿责任范围。我国《海商法》第55条规定:"货物灭失的赔偿额,按照货物的实际价值计算;货物损坏的赔偿额,按照货物受损前后实际价值的差额或者货物的修复费用计算。货物的实际价值,按照货物装船时的价值加保险费和运费计算。"计算赔偿数额时,应当减去因货物灭失或者损坏而少付或者免付的有关费用,即承运人的赔偿责任范围仅限于直接损失,而不包括间接损失,这是与海上运输风险的特殊性有密切关系的。

②承运人赔偿责任限制。承运人(船舶所有人)赔偿责任限制,又称"单位责任限制",

是指承运人应承担的赔偿责任，按计算单位计算，限制在一定范围之内的责任限制制度，即法律规定一个单位最高赔偿额，超过限额的部分承运人不负赔偿责任。

我国《海商法》第 56 条规定："承运人对货物的灭失或者损坏的赔偿限额，按照货物件数或者其他货运单位数计算，每件或者每个其他货运单位为 666.67 计算单位，或者按照货物毛重计算，每公斤为 2 计算单位，以二者中赔偿限额较高的为准。但是，托运人在货物装运前已经申报其性质和价值，并在提单中载明的，或者承运人与托运人已经另行约定高于本条规定的赔偿限额的除外。"

③ 承运人对货物迟延交付造成经济损失的赔偿限额，为所迟延交付的货物的运费数额。货物的灭失或者损坏和迟延交付同时发生的，承运人的赔偿责任限额适用货物灭失或损坏的限额。

④ 承运人赔偿责任的承担和分担。承运人将货物运输或者部分运输委托给实际承运人履行的，承运人仍然应当依照《海商法》规定对全部运输负责。承运人应当对实际承运人的行为或者实际承运人的受雇人、代理人在受雇或者受委托的范围内的行为负责。在海上运输合同中明确约定合同所包括的特定部分运输由承运人以外的指定的实际承运人履行的，货物在指定的实际承运人掌管期间发生的灭失、损坏或者迟延交付，承运人不负赔偿责任。

此外，《海商法》第 61 条规定："本章对承运人责任的规定，适用于实际承运人。"第 63 条规定："承运人与实际承运人都负有赔偿责任的，应当在此项责任范围内负连带责任。"实际承担了赔偿责任的一方，在承担赔偿责任后有权向应当承担责任的另一方追偿。

### 3．托运人的义务

（1）提供约定货物和运输所需各项单证的义务。

我国《海商法》规定："托运人托运货物，应当妥善包装，并向承运人保证，货物装船时所提供的货物的品名、标志、包数或者件数、重量或者体积的正确性；由于包装不良或者上述资料不正确，给承运人造成损失的，托运人应当承担赔偿责任。"

"托运人应当及时向港口、海关、检疫、检验和其他主管机关办理货物运输所需要的各项手续，并将已办理各项手续的单证送交承运人；因办理各项手续的有关单证送交不及时、不完备或者不正确，使承运人的利益受到损害的，托运人应当负赔偿责任。"

"托运人托运危险货物，应当依照有关海上危险货物运输的规定，妥善包装，作出危险品标志和标签，并将其正式名称和性质以及应当采取的预防危害措施书面通知承运人；托运人未通知或者通知有误的，承运人可以在任何时间、任何地点根据情况需要将货物卸下、销毁或者使之不能为害，而不负赔偿责任。托运人对承运人因运输此类货物所受到的损害，应当负赔偿责任。"

（2）支付运费及其他费用的义务。

托运人应当按照约定向承运人支付运费。托运人与承运人可以约定运费由收货人支付；但是，此项约定应当在运输单证中载明。

在班轮运输的情况下，托运人支付运费通常有预付和到付两种方式。在预付方式下，托运人应在货物装船后，承运人及其代理人或船长签发提单之前付清；在到付方式下，则在货物安全抵达目的港由收货人提取货物之前支付。

(3) 收受货物的义务。

在货物运抵目的港后，收受货物既是托运人的义务，同时也是托运人的重要权利。

## 二、提单

### （一）提单的含义和法律性质

#### 1. 提单的含义

提单，是指用以证明海上货物运输合同和货物已经由承运人接收或者装船，以及承运人保证据以交付货物的单证。提单中载明的向记名人交付货物，或者按照指示人的指示交付货物，或者向提单持有人交付货物的条款，构成承运人据以交付货物的保证。

> **知识链接** 提单的由来
>
> 作为海上货物运输中被广泛应用的凭证，提单有其自身产生和发展的历史过程。
>
> 早期的贸易与运输为"船货合一"，没有专门从事海上运输的职业船东，船东与货主往往是同一个人，他们把到海外进行商品交换作为航运的目的，这种航运通常带有自运自销的性质。在这种情况下，自然不需要提单。
>
> 后来，随着贸易和航运事业的不断发展，贸易与运输也开始分离。运输逐渐脱离贸易而成为一个独立的行业，并随之出现了托运制，这就为提单的产生提供了基本前提。当时，货主把货物交给海上承运人装船以后，按习惯一般都要求提供一份证明承运人已接管货物的单证，这种单证就是最初的提单。提单经过不断发展，不仅具有货物收据的功能，而且还载明运输合同的内容。
>
> 在1794年"利克巴诉梅森"一案中，提单作为物权凭证首次得到英国法院的承认。从此，提单作为流通的有价证券，开始被抵押或背书转让。进入19世纪以后，生产和贸易的发展以及航海技术的进步，给提单的发展带来了新的巨大影响。一方面，使得提单与船舶间的关系变得淡薄了；另一方面，使提单与其所代表的货物有了明显分离的倾向，进而更强化了提单有价证券的属性。

#### 2. 提单的法律性质

提单具有如下三个法律属性，这些属性构成了其法律地位的核心内容。

（1）提单是承运人出具的已接收货物的收据。提单是承运人应托运人的要求签发的货物收据，提单中属于收据性的内容主要是提单正面所载的有关货物的标志、件数、数量或重量等。当提单由托运人持有时，它是承运人按照提单的上述记载收到货物的初步证据，所以提单具有货物收据的性质。

（2）提单是承运人与托运人之间订立的运输合同的证明。提单不仅包括上述收据性内容，而且还载明一般运输合同所应具备的各项重要条件和条款。这些内容从法律上讲，只要不违反国家和社会公共利益，并且不违背法律的强制性规定，对承运人和托运人就应具有约束力。同时，当承托双方发生纠纷时，它还是解决纠纷的法律依据。基于这些原因，可以说提单在一定程度上起到了运输合同的作用。但是，由于提单是由承运人单方制定，并在承运人接收货物之后才签发的，而且在货物装船前或提单签发前，承托双方就已经在订舱时达成了货物运输协议。所以，它还不是承运人与托运人签订的运输合同本身，而只是运输合同的证明。原则上，提单上的条款应与运输合同相一致；当它与运输合同的规定发生冲突时，应以运输合同为准。

（3）提单是承运人船舶所载货物的物权凭证。由于加速商品流转和便利资金筹措的需要，国际贸易中出现了"单证买卖"。单证持有人只要将代表一定财产或资产的单证转让给他人，就意味着该财产或资产所有权的转移，让与人便可及时获得价款，以加速资金周转。提单既然是货物已由承运人接收的收据，为了适应上述要求，自然也应具有承运人船舶所载货物的物权凭证的效力。据此，提单就可以代表货物，谁持有提单，谁就有权要求承运人交付货物，并对该货物享有所有权。除不可转让的提单外，持有提单的人还享有转让、抵押提单的权利。

作为物权凭证的提单，其效力要受到一定的限制：一是提单的转让必须在承运人在目的港交付货物前才有效，如果承运人凭一份提单正本交付了货物，其他几份也就失去效力，提单就不能再行转让；二是提单持有人必须在货物运抵目的港的一定时间内，与承运人洽办提货手续，货物过期不提，即视为无主，承运人可对不能交付的货物行使处分权，从而限制了提单作为物权凭证的效力。

### （二）提单的签发和内容

#### 1. 提单的签发

货物由承运人接收或装船后，应托运人的要求，承运人应当签发提单。提单的签发人一般包括承运人、承运人的代理人和船长。在国际航运实践中，提单通常由船长签发。船长是承运人的当然代理人，无须经过承运人的特别授权便可签发提单。但是，如果提单由承运人的代理人签发，则代理人必须得到承运人的合法授权，否则代理人无权签发。

#### 2. 提单的内容

提单内容一般包括下列各项：货物的品名、标志、包数或者件数、重量或者体积，以及运输危险货物时对危险性质的说明；承运人的名称和主营业所；船舶名称；托运人的名称；收货人的名称；装货港和在装货港接收货物的日期；卸货港；多式联运提单增列接收货物地点和交付货物地点；提单的签发日期、地点和份数；运费的支付；承运人或其代表的签字。提单缺少上述其中的一项或几项的，不影响提单的性质；但是应符合《海商法》有关提单的规定。

### （三）提单的种类

按照不同的划分标准，提单可划分为许多种类。常见的提单主要有以下几种。

#### 1. 按提单抬头分类

提单的抬头就是指提单上填写的收货人栏目。提单因抬头填写的内容不同可分类如下：

（1）记名提单。记名提单是由托运人指定收货人的提单，又称收货人抬头提单。这种提单由托运人在提单正面收货人一栏中注明特定的收货人。承运人只能将货物交给托运人指定的收货人。如果承运人擅自将货物交给提单指定的收货人以外的人，那么，即使该人占有提单，承运人也应承担责任。收货人不能将记名提单背书转让。如果要转让货物，收货人只能按照一般的财产转让手续办理。记名提单避免了转让中的风险,但同时也失去了流通性,因而在国际贸易中较少使用,一般只用于运输展览品或贵重物品。

(2)指示提单。指示提单是指提单正面收货人一栏填有"凭指示"或"凭某某指示"字样的一种提单。它通常又可分为记名指示提单和不记名指示提单。指示提单是一种可转让提单。提单的持有人可以通过背书的方式把它转让给第三者,而无须经过承运人认可,所以这种提单受到买方的欢迎。而不记名指示提单与记名指示提单不同,它没有经提单指定的人背书才能转让的限制,所以其流通性更大。指示提单在国际海运业务中使用较广泛。

(3)不记名提单。不记名提单,又称空白提单,是指在提单正面收货人一栏内不具体填写收货人或"凭某人指示",而只注明"持有人"或"交与持有人"字样,日后凭单取货的提单。使用不记名提单,承运人交付货物仅凭提单不凭人,谁持有提单,谁就有权提货。它加背书即可转让,手续简便。但是,这种提单给买卖双方带来的风险都很大,一旦发生遗失或被盗,然后再转到善意的第三者手中就极易发生纠纷,所以在国际贸易中已较少使用。

### 2. 按货物是否已装船分类

(1)已装船提单。已装船提单是指货物装船后由承运人签发给托运人的提单。如果承运人签发了已装船提单,就是确认他已经将货物装在船上。这种提单除载明一般事项外,通常还必须注明装载货物的船舶名称及装船日期。在航运实践中,除集装箱货物运输外,现在大都采用已装船提单。

(2)备运提单。备运提单又称待运提单。它是承运人在收到托运人交付的货物但还没有装船时应托运人的要求而签发的提单。承运人签发了备运提单,只说明他确认货物已交给他保管,并存入他所控制的仓库,而不能说明他确实已将货物装到船上。这种提单通常要载明货物拟装某船,但若预定船舶不能按时到港,承运人对此不负责任,并有权另换他船。当货物装上预定船舶后,承运人可以在备运提单正面加注"已装船"字样和装船日期,并签字盖章,从而使之成为已装船提单;同样,托运人也可以用备运提单向承运人换取已装船提单。

> **知识链接** 备运提单的优缺点
>
> 备运提单首先出现于 19 世纪晚期的美国,从历史上看,它的产生晚于已装船提单。这种提单的优点在于:对托运人来说,他可以在货物交给承运人保管之后至装船前的期间,尽快地从承运人手中取得可转让提单,以便融通资金,加速交易进程;而对承运人来说,则有利于招揽生意,拓宽货源。
>
> 但是,备运提单同时也存在一定的缺陷。第一,备运提单没有装船日期,很可能因到货不及时而使货主遭受损失;第二,备运提单上没有肯定的装货船名,致使提单持有人在承运人违约时难以向法院申请扣押船舶;第三,备运提单签发后和货物装船完毕前发生的货损、货差由谁承担责任,也是提单所适用的法律和提单条款本身通常不能明确规定的问题,实践中常因此引起责任纠纷。基于上述原因,在贸易实践中,买方一般不愿意接受备运提单。
>
> 近年来,集装箱运输和多式联运的发展,使备运提单的用途不断扩展。这是因为集装箱航运公司或多式联运经营人通常在内陆收货站收货,而不是在装运港收货。所以,承运人只能在此签发备运提单,而不能签发已装船提单。

### 3. 按提单上有无批注分类

（1）清洁提单。清洁提单是承运人未加批注的提单。由于托运人交付的货物"外表状况良好"，所以承运人在签发提单时，未加任何有关货物减损、外表包装不良或其他影响结汇的批注。所谓"外表状况良好"仅意味着在目力所及的范围内，货物是在外观良好的情况下装上船的，但它并不排除货物存在着内在瑕疵及其他目力所不及的缺陷。承运人一旦签发了清洁提单就得对此负责。货物在卸货港卸下后，如果发现残损，除非是承运人可以免责的原因所致，否则承运人应对收货人负责赔偿，而不得借口签发清洁提单之前就存在包装不良的情况而推卸责任。

（2）不清洁提单。不清洁提单又称有批注提单，是指承运人加有批注的提单。这种提单，承运人因在货物装船时发现并非"外观状况良好"，所以加上诸如"包装箱损坏""渗漏""破包""锈蚀"等形容货物的外观状态的批注。但是，并非加上任何批注的提单都属于不清洁提单。如果提单上批注的只是如"重量、数量不详"等内容，则视为"不知条款"，不能视为不清洁提单。

> **职业提示**
>
> 在提单上进行批注，是承运人自我保护的有效措施。在交货时如果发现货物损害可以归因于这些批注的事项，可以减轻或免除承运人的责任。承运人在接收货物时，务必要严谨细致地检查货物，实事求是地记录货物状况，只有这样才能及时发现问题，维护自身利益。作为未来的物流从业人员，我们要从现在开始，养成严谨、认真、实事求是的学习态度和工作态度，一丝不苟地对待学习和工作。

### 4. 按运输方式分类

（1）直达提单。直达提单，又称直运提单，是指货物自装货港装船后，中途不转船，直接运至卸货港的提单。直达提单上不得有"转船"或"在某港转船"的批注。有时提单条款内虽无"转船"批注，但却列有承运人有权转装他船的所谓"自由转船条款"，这种提单通常也属于直达提单。使用直达提单，货物由同一船舶直运目的港，对买方来说，比中途转船有利得多。它既可以省费用，减少风险，又可以节省时间，及早到货。因此，通常买方只有在无直达船时才同意转船。

（2）转运提单，又叫海上联运提单，是指货物从装货港装船后，在中途转船，交由其他承运人用船舶接运至目的港的提单。通常签发联运提单的联运承运人又是第一程承运人，应对全程运输负责，其他接运承运人则应分别对自己承担的那部分运输负责。

（3）多式联运提单。多式联运提单是指多式联运承运人将货物以包括海上运输在内的两种以上运输方式，从一地运至另一地而签发的提单。这种提单通常用于国际集装箱货物运输。

## 三、海上货物运输国际公约

### （一）海上货物运输公约概述

在国际海上货物运输领域，最重要的公约主要有四个：1924年的《统一提单的若干法律规则的国际公约》（简称《海牙规则》）、经1968年《修改统一提单的若干法律规则的国际公约的议定书》修改后的《海牙规则》（简称《维斯比规则》）、《1978年联合国海上货物运输公约》（简称《汉堡规则》），以及2008年的《联合国全程或部分海上国际货物运输合同公约》（简称《鹿特丹规则》）。前三个公约都已经生效，处于并存状态，而《鹿特丹规则》于2008年12月11日在联合国第63届大会第67次会议于纽约审议通过，并于2009年9月23日在荷兰鹿特丹开放签署，但至今尚未生效。我国虽然没有参加上述前三个公约中的任何一个，也没有签署《鹿特丹规则》，但我国在制订《海商法》时也参照并吸收了上述前三个公约的合理内容。《鹿特丹规则》虽然至今尚未生效，但从其制订的过程和内容上来看，《鹿特丹规则》是当前国际海上货物运输领域统一性规则的集大成者，不仅涉及包括海运在内的多式联运，在船货两方的权利义务之间寻求新的平衡点，而且还引入了如电子运输单据、批量合同、控制权、管辖权和仲裁等新的内容。因此，该规则值得我们密切关注。

### （二）《鹿特丹规则》的内容

#### 1. 扩大了公约的调整范围

为适应国际集装箱货物"门到门"运输方式的变革，《鹿特丹规则》调整范围扩大到"门至门"运输，国际海运或包括海运在内的国际多式联运货物运输合同均在公约的规范范围之内。同时，《鹿特丹规则》排除了国内法的适用，使公约成为最小限度的网状责任制，拓宽了公约的适用范围，有利于法律适用的统一。

#### 2. 明确规定了电子运输记录及其效力

与前述三个公约不同，《鹿特丹规则》明确规定了电子运输记录，确认其法律效力，并将电子运输记录分为可转让与不可转让电子运输记录。该规定适应了电子商务的发展，具有一定的超前性，势必加速运输单证的流转速度并提高安全性。

#### 3. 加重了承运人的责任

《鹿特丹规则》规定了承运人必须在开航前、开航当时和海上航程中都恪尽职守使船舶保持适航状态，从而使得承运人的适航义务扩展到了航程的始终。承运人根据公约对货物的责任期间，自承运人或履约方为运输而接收货物时开始，至货物交付时终止。承运人责任基础采用了完全过错责任原则，废除了现行的"航海过失"免责和"火灾过失"免责。承运人的单位责任限制有较大幅度的提高，承运人的责任比以前加重了。

#### 4. 增设了单证托运人

单证托运人是指托运人以外的同意在运输单证或电子运输记录中记名为"托运人"的人。单证托运人享有托运人的权利并承担其义务。

#### 5. 创设了履约方和海运履约方制度

《鹿特丹规则》下没有实际承运人的概念，但创设了履约方和海运履约方制度。履约方是指承运人以外的，履行或承诺履行承运人在运输合同下有关货物接收、装载、操作、积载、运输、照料、卸载或交付的任何义务的人，以该人直接或间接在承运人的要求、监督或控制下行事为限。海运履约方是指凡在货物到达船舶装货港至货物离开船舶卸货港期间履行或承诺履行承运人任何义务的履约方。内陆承运人仅在履行或承诺履行其完全在港区范围内的服务时方为海运履约方。海运履约方与托运人之间不存在直接的合同关系,而是在承运人直接或间接的要求、监督或控制下,实际履行或承诺履行承运人在"港至港"运输区段义务的人,突破了合同相对性原则。海运履约方承担公约规定的承运人的义务和赔偿责任,并有权享有相应的抗辩和赔偿责任限制。班轮运输条件下的港口经营人作为海运履约方将因此受益。

### 6. 增设了批量合同规定

批量合同是指在约定期间内分批装运特定数量货物的运输合同,其常见的类型是远洋班轮运输中的服务合同。公约适用于班轮运输中使用的批量合同,除承诺的货物数量外,每次运输项下承托双方关于货物运输的权利、义务或责任等方面适用公约的规定。公约赋予批量合同当事人双方较大的合同自由,允许在符合一定条件时背离公约的规定自行协商合同条款,这是合同自由在一定程度上的回归。

### 7. 创设了货物控制权

《鹿特丹规则》首次在海上货物运输领域规定货物的控制权。货物控制权是指根据公约规定按运输合同向承运人发出有关货物的指示的权利,具体包括:就货物发出指示或修改指示的权利,此种指示不构成对运输合同的变更;在计划挂靠港或在内陆运输情况下在运输途中的任何地点提取货物的权利;由包括控制方在内的其他任何人取代收货人的权利。在符合一定条件下,承运人有执行控制方指示的义务;在无人提货的情况下,承运人有通知托运人或单证托运人请其发出交付货物指示的义务。

### 8. 专章规定了诉讼与仲裁

《鹿特丹规则》专章规定了诉讼和仲裁,除批量合同外,索赔方有权在公约规定的范围内,选择诉讼地和仲裁地,且运输合同中的诉讼或仲裁地点,仅作为索赔方选择诉讼或仲裁的地点之一。参与制订公约的各国代表团对这两章的内容分歧比较大,为了不影响公约的生效,允许缔约国对这两章作出保留。

#### 情境分析

我们已经学习了海上货物运输法律问题的相关知识,下面我们就用这些知识解决"情境导入"中的问题。

(1)C公司作为承运人,应当承担下列义务:

①提供船舶并保证适航的义务。

②装卸、运送和交付货物的义务。

③合理速遣义务。

(2)C公司可以免责。理由是根据《海商法》规定,在责任期间货物发生的灭失或者损坏是由于政府或者主管部门的行为、检疫限制或者司法扣押造成的,承运人不负赔偿责任。本案例中,水果的腐烂是中国有关部门的熏蒸消毒所致,属于检疫限制,C公司可以免责。

## 子情境三　分析水路货物运输法律问题

### ✓ 情境导入

2022 年 7 月，原告秦皇岛 A 公司与被告秦皇岛市 B 船务有限公司签订运输协议，委托第一被告 B 船务有限公司由巴西运输一套精炼棕榈油设备至秦皇岛港，包干运费 3 万美元。货物运至上海港后，第一被告安排第二被告临海市 C 航运公司所属"涌泉 2 号"轮进行转船运输。同年 9 月 6 日，"涌泉 2 号"轮在驶往秦皇岛途中因货舱进水，船体倾斜，被救助于山东石岛港。经秦皇岛出入境检验检疫局检验，货物残损金额 2 万美元。经青岛 D 船舶技术咨询有限公司对船舶进行检验，"涌泉 2 号"轮船体开裂进水是船舶结构缺陷或船舶材质问题所致。法院调查过程中发现如下情况："涌泉 2 号"于 2022 年 12 月进行了年检，取得适航证书。D 船舶技术咨询有限公司的验船师提供的照片显示，该船锈蚀严重，船底板有一条长度约 400 毫米的纵向裂口，用木塞塞住。另该船标明抗风能力为 8 级，但在遭遇 6 级风浪时，船体就会损坏，导致进水。

问题：1. 本案例中托运人和承运人分别是谁？
　　　2. 托运人和承运人分别承担哪些义务？
　　　3. 本案例中责任方是谁？违反了何种义务？

### 🔗 知识学习

水路运输是利用船舶或其他航运工具在水路上进行的运输。它是物流中最为常用的一种运输方式，由于其兼顾近距离、远距离、零星、大宗货物的运输需求，且成本低廉，因而负担着大部分的运输任务，是一种重要的运输方式。我国水路运输分为沿海运输、内河运输和国际海上运输。沿海货物运输和内河货物运输统称为国内水路货物运输。国内水路货物运输适用《民法典》中关于运输合同的规定，租用船舶运输适用《海商法》第 6 章船舶租用合同的规定。

#### 一、水路货物运输合同的含义

水路货物运输合同，是指承运人收取运输费用，负责将托运人托运的货物经水路由一港（站、点）运至另一港（站、点）的合同。水路货物运输包括班轮运输和航次租船运输。班轮运输，是指在特定的航线上按预定的船期和挂靠港从事有规律水上货物运输的运输形式。航次租船运输，是指船舶出租人向承租人提供船舶的全部或部分舱位，装运约定的货物，从一港（站、点）运至另一港（站、点）的运输形式。

> **知识链接**　班轮运输与航次租船运输
>
> 班轮运输与航次租船运输这两种运输形式下的运输合同都属于水路货物运输合同。在班轮运输条件下，班轮公司采取一套适宜小批量货物运送的货运程序，可以为货主提供方便的运输服务，运价也相对稳定；而航次租船运输则更适于大批量货物的运输，租船人可以根据实际业务需要来选择特定的船舶、航次、港口等来运送特定的货物。

## 二、水路货物运输合同的订立

订立水路货物运输合同可以采用书面形式、口头形式和其他形式。书面形式包括合同书、信件和数据电文等形式。

班轮运输形势下的运输合同一般通过订舱的方式成立。托运人通过填写订舱单，向班轮公司或其代理机构申请货物运输。订舱单一般应载明货物的品名、种类、数量、重量或体积、装货港、卸货港，以及装船期限等内容。班轮公司会根据订舱单的内容，结合船舶的航线、挂靠港、船期、舱位等情况决定是否接受货物的托运。如果班轮公司决定接受托运，双方意思达成一致，合同即告成立。

航次租船运输形式下的运输合同订立过程与船舶租用合同的订立过程类似，往往也是由双方在租船市场上通过询价、报价、还价等过程，最后签订合同。航次租船合同常常采用租船合同范本，托运人应注意对这些合同范本进行充分的利用。

## 三、运单

运单是水路货物运输合同的证明，而不是合同本身，运单的记载如果与运输合同不一致，可以视为对运输合同的变更；运单又是承运人已经接收货物的收据，它表示承运人已经按运单记载的状况接收货物，但运单不是承运人据以交付货物的凭证。

运单一般包括下列内容：承运人、托运人和收货人的名称；货物名称、件数、重量、体积；运输费用及其结算方式；船名、航次；起运港、中转港、到达港；货物交接的地点和时间；装船日期；运到期限；包装方式；识别标志；相关事项。

承运人接收货物应当签发运单。运单由载货船舶的船长签发，视为代表承运人签发。运单签发后承运人、承运人的代理人、托运人、到达港港口经营人、收货人各留存一份，另外一份由收货人收到货物后作为收据签还给承运人。承运人可以视情况需要增加或减少运单份数。

## 四、水路货物运输合同双方的义务

### 1. 托运人的义务

水路货物运输中托运人的主要义务包括下列内容：

（1）及时办理港口、海关、检疫、公安和其他货物运输所需的各项手续，并将已办理各项手续的单证送交承运人。

（2）所托运货物的名称、件数、重量、体积、包装方式、识别标志，应当与运输合同的约定相符。

（3）妥善包装货物，保证货物的包装符合国家规定的包装标准；没有包装标准的，货物的包装应当保证运输安全和货物质量。需要随附备用包装的货物，应当提供足够数量的备用包装，交给承运人随货免费运输。

（4）在货物的外包装或者表面上正确制作识别标志和储运指示标志。识别标志和储运指示标志应当字迹清楚、牢固。

（5）除另有约定外，应当预付运费。

（6）托运危险货物时，应当按照有关危险货物运输的规定，妥善包装，制作危险品标志和标签，并将其正式名称和危险性质以及必要时应当采取的预防措施书面通知承运人。未通知承运人或者通知有误的，承运人可以在任何时间、任何地点根据情况需要将危险货物卸下、销毁或者使之不能为害，而不承担赔偿责任。承运人知道危险货物的性质并已同意装运的，仍然可以在该项货物对船舶、人员或者其他货物构成实际危险时，将货物卸下、销毁或者使之不能为害，而不承担赔偿责任，但是，这不影响共同海损的分摊。

（7）除另有约定外，运输过程中需要饲养、照料的活动物、植物，以及尖端保密物品、稀有珍贵物品和文物、有价证券、货币等，托运人需要申报并随船押运，并在运单内注明押运人员的姓名和证件。

（8）负责笨重、长大货物和舱面货物所需要的特殊加固、捆扎、烧焊、衬垫、苫盖物料和人工，卸船时要拆除和收回相关物料；需要改变船上装置的，货物卸船后应当负责恢复原状。

（9）托运易腐货物和活动物、植物时，应当与承运人约定运到期限和运输要求；使用冷藏船（舱）装运易腐货物的，应当在订立运输合同时确定冷藏温度。

### 2. 承运人的义务

承运人在合同履行过程中需要承担下列义务：

（1）使船舶处于适航状态，妥善配备船员、装备船舶和配备供应品，并使干货舱、冷藏舱、冷气舱和其他载货处所适于并能安全收受、载运和保管货物。

（2）按照运输合同的约定接收货物。

（3）妥善地装载、搬移、积载、运输、保管、照料和卸载所运货物。

（4）按照约定、习惯或者地理上的航线将货物运送到约定的目的港。承运人为救助或者企图救助人命、财产而发生的绕航或者其他合理绕航，不属于违反上述规定的行为。

（5）在约定期间或者在没有这种约定时在合理期间内将货物安全运送到指定地点。

（6）货物运抵目的港后，向收货人发出到货通知，并将货物交给指定的收货人。

## 五、违约责任

### （一）托运人的责任

托运人未按合同约定提供货物应承担违约责任。托运人因办理各项手续和有关单证不及时、不完备或者不正确，造成承运人损失的，应当承担赔偿责任。因托运货物的名称、件数、重量、体积、包装方式、识别标志与运输合同的约定不相符，造成承运人损失的，应当承担赔偿责任。因未按约定托运危险货物给承运人造成损失的，应当承担赔偿责任。

托运人因不可抗力不能履行合同的，根据不可抗力的影响，部分或者全部免除责任。迟延履行后发生不可抗力的，不能免除责任。

### （二）承运人的责任和免责事由

#### 1. 承运人的赔偿责任

承运人对运输合同履行过程中货物的损坏、灭失或者迟延交付承担损害赔偿责任。如果托运人在托运货物时办理了保价运输，货物发生损坏、灭失，承运人应当按照货物的声明价值进行赔偿。但是，如果承运人证明货物的实际价值低于声明价值，则按照货物的实际价值赔偿。

货物未能在约定或者合理期间内在约定地点交付的,为迟延交付。对由此造成的损失,承运人应当承担赔偿责任。

> **知识链接** 运费的收取
>
> 货物在运输过程中因不可抗力灭失,未收取运费的,承运人不得要求支付运费;已收取运费的,物流企业可以要求返还。货物在运输过程中因不可抗力部分灭失的,承运人按照实际交付的货物比例收取运费。面对因为不可抗力导致的托运人货物的灭失,承运人应当遵循公平交易的原则,由于灭失的货物已经无法交付,承运人不能再收取灭失货物的运费。

### 2. 承运人的免责事由

承运人对运输合同履行过程中货物的损坏、灭失或者迟延交付承担损害赔偿责任,但承运人证明货物的损坏、灭失或者迟延交付是由于下列原因引起的除外:①不可抗力;②货物的自然减量和合理损耗;③包装不符合要求;④包装完好,但货物与运单记载内容不符;⑤识别标志、储运指示标志不符合规则的规定;⑥托运人申报的货物重量不准确;⑦托运人押运过程中的过错;⑧普通货物中夹带危险、流质、易腐货物;⑨托运人、收货人的其他过错。

#### 情境分析

我们已经学习了水路货物运输法律问题的相关知识,下面我们就用这些知识解决"情境导入"中的问题。

(1)托运人是秦皇岛 A 公司,承运人是秦皇岛 B 船务有限公司和临海市 C 航运公司。

(2)托运人和承运人的义务见本书内容。

(3)责任方是临海市 C 航运公司和秦皇岛 B 船务有限公司。根据《海商法》规定,船舶在开航前和开航时,承运人应当谨慎处理使船舶处于适航状态,使货舱适于并能安全收受、载运和保管货物。临海市 C 航运公司作为上海港至秦皇岛港的区段承运人,没有提供适航的船舶,对由此给秦皇岛 A 公司造成的损失应承担赔偿责任。秦皇岛 B 船务有限公司作为全程承运人,应对全程运输负责,与临海市 C 航运公司承担连带赔偿责任。

## 子情境四 分析铁路货物运输法律问题

### 情境导入

某水果公司与 A 车站在 2022 年 8 月 1 日签订运输合同一份。双方约定:苹果 2000 筐,柳条筐包装,运输期限 6 天,到达车站为沙市车站,收货人仍是某水果公司。当天,A 车站调配给水果公司棚车一辆,水果公司自行装车,装苹果 2500 筐,货物标明"鲜活易腐"。8 月 2 日,挂有该棚车的 111 次列车从 A 站出发,水果公司派押运人一名。8 月 3 日 20 时,111 次列车到达 B 站,该车调度令 111 次列车在站停留。当时气温高达 37℃,押运人多次请示车站挂运,但无效,货车停留到 8 月 10 日挂出。8 月 11 日列车到达沙市车站,卸车时发现苹果不同程度腐烂变色,经当地质检部门鉴定,得出结论为该批水果运输时间过长,气温较高,堆码紧密,影响通风所致。押运人将尚可食用的苹果处理得款 1 万元后，要求承运人赔偿损失 7 万元（包括运费、利润等）。

问题：1. 水果公司应当向哪个车站请求赔偿？
   2. 承运人对损害发生是否负有责任？
   3. 水果公司对损害的发生是否负责？

### 知识学习

铁路货物运输是指将火车车辆编组成列车在铁路上载运货物的一种运输方式。铁路运输主要承担长距离、大数量的货运，是在干线运输中起主力运输作用的运输形式。根据铁路运输跨越区域的不同，铁路货物运输可分为国内铁路货物运输和国际铁路货物运输。国内铁路货物运输要受《铁路法》《民法典》等相关法律法规的调整，国际铁路货物运输要受《国际铁路货物联运协定》等制度的调整。

## 一、铁路货物运输合同概述

### 1. 铁路货物运输合同的含义

铁路货物运输合同是指铁路承运人根据托运人的要求，按期将托运人的货物运至目的地，交与收货人的合同。铁路货物运输合同是以运送货物的劳务行为作为合同标的的一种合同，物流企业通常作为托运人或托运人的代理人与铁路承运人签订铁路货物运输合同。

铁路货物运输合同可分为整车货物运输合同和零担货物运输合同。整车货物运输合同是指铁路承运人和托运人约定将货物用一整辆货车来装载运送的铁路货物运输合同。零担货物运输合同是指铁路承运人与托运人就不需要整车运输的少量货物签订的铁路货物运输合同。

### 2. 铁路货物运输合同的订立

对于大宗货物的运输，物流企业可以与铁路承运人签订年度、半年度或者季度运输合同。零担货物的运输，则用铁路的货物运单代替运输合同。托运人按照货物运单的有关要求填写，经由铁路承运人确认，并验收核对托运货物无误后，合同即告成立。

## 二、国内铁路货物运输合同双方的义务

### 1. 托运人的义务

（1）按照合同的约定向铁路承运人提供运输的货物。

（2）如实申报货物的品名、重量和性质。

（3）对货物进行包装，以适应运输安全的需要。对于包装不良的，铁路承运人有权要求其加以改善。如果拒不改善，或者改善后仍不符合运输包装要求的，承运人有权拒绝承运。

（4）托运货物，必须遵守国家关于禁止或者限制运输物品的规定。

（5）要按照规定支付运费。双方可以约定由托运人在货物发运前支付运费，也可以约定在到站后由收货人支付运费。但铁路运费通常都是由托运人在发运站托运货物当日支付。如果托运人不支付运费，铁路承运人可以不予承运。

### 2. 承运人的义务

（1）及时运送货物。铁路承运人应当按照铁路运输的要求，及时组织调度车辆，做到列车正点到达。

（2）保证货物运输的安全，对承运的货物妥善处理。铁路承运人对容易腐烂的货物和活动物，应当按照国务院铁路主管部门的规定和双方的约定，采取有效的保护措施。

（3）货物运抵到站后，及时通知收货人领取货物，并将货物交付收货人。

> **知识链接** 无法交付的货物
>
> 无法交付的货物是指货物按期运抵到站后，收货人未在规定期限内及时领取货物，或者托运人没有在规定期限内及时提出具体处理意见，而导致铁路承运人无法及时交付的货物。
>
> 自铁路承运人发出领取货物的通知之日起满30日仍无人领取货物，或者收货人书面通知铁路承运人拒绝领取货物，铁路承运人应通知托运人。托运人自接到通知之日起满30日未作答复的，该货物将由铁路承运人变卖；所得价款在扣除保管等费用后尚有余款的，退还给托运人；无法退还，而自变卖之日起180日内托运人又未领回的，将上缴国库。对危险物品和规定限制运输的物品，铁路承运人将其移交给公安机关或有关部门处理，不能自行变卖。对于不宜长期保存的物品，铁路承运人可以按照国务院铁路主管部门的规定缩短处理期限。

## 三、国内铁路货物运输当事人的违约责任

### （一）托运人的责任

由于物流企业错报或匿报货物的品名、重量、数量、性质而导致承运人财产损失的，要承担赔偿责任。因物流企业对货物的真实情况申报不实，而使承运人少收取了运费，物流企业要补齐运费，并按规定另行支付一定的费用。承担由于货物包装上的从外表无法发现的缺陷，或者由于未按规定标明储运图示标志而造成的损失。在物流企业负责装车的情况下，因加固材料不合格或在交接时无法发现对装载规定的违反而造成的损失，由物流企业承担责任。作为托运人的物流企业承担由于押运人的过错而造成的损失。

### （二）承运人的责任及免责事项

#### 1. 货损责任

铁路承运人应当对承运的货物自接受承运时起到交付时止发生的灭失、短少、变质、污染或者损坏，承担赔偿责任。如果托运人办理了保价运输，按照实际损失赔偿，但最高不超过保价额；未办理保价运输，按照实际损失赔偿，但最高不超过国务院铁路主管部门规定的赔偿限额；如果损失是由于承运人的故意或者重大过失造成的，则不适用赔偿限额的规定，按照实际损失赔偿。

> **职业提示**
>
> 保价运输是承运人与托运人共同确定的以托运人声明货物价值为基础的一种特殊运输方式。承运人对保价货物的赔偿不适用赔偿责任限额制度，因此承运人一般要强化各种管理措施，如采取特殊的装运容器、特殊的运输路线和运输方式、特殊的交接方式等，确保货物安全、及时、准确地运抵收货人手中。托运人在办理保价运输时，要诚实申报货物价值，既不能为了获得高额赔偿而故意夸大货物价值，也不能为了节省保价费而低报货物价值。

### 2. 迟延交付的责任

铁路承运人应当按照合同约定的期限或者国务院铁路主管部门规定的期限，将货物运到目的站；逾期运到的，铁路承运人应当支付违约金。对于超限货物、限速运行的货物、免费运输的货物以及货物全部灭失的情况，铁路承运人不支付违约金。如果迟延交付货物造成收货人或托运人的经济损失，铁路承运人应当赔偿所造成的经济损失。铁路承运人逾期30日仍未将货物交付收货人的，托运人、收货人有权按货物灭失向铁路承运人要求赔偿。

### 3. 免责事项

由于下列原因造成的货物损失，铁路承运人不承担赔偿责任：
（1）不可抗力；
（2）货物本身的自然属性，或者合理损耗；
（3）托运人或者收货人的过错。

## 四、国际铁路货物运输

我国是《国际铁路货物联运协定》（以下简称《国际货协》）的缔约国，托运人在办理国际铁路货物运输时要遵守该公约的规定。

### （一）运单的性质和作用

国际铁路运输单证用运单。运单是发货人与铁路之间缔结的运输契约，是铁路向收货人收取运杂费用和点交货物的依据。它规定了铁路、发货人和收货人在货运中的权利、义务和责任，因此，运单对上述当事人均有法律约束力。

《国际货协》对运单的法律性质明确规定为，铁路始发站签发的运单是缔结运输合同的凭证，而不是合同本身。其作用为：①运单是国际铁路货物运输合同的证明；②运单是铁路方收到货物和承运运单所列货物内容的表面证据；③运单是铁路方在终点到站向收货人收取运杂费和点交货物的依据；④运单是货物出入沿途各国海关的必备文件；⑤运单是买卖合同支付货款的主要单证。

> **知识链接** 《国际货协》适用范围
>
> 《国际货协》是缔约各国发货人、收货人以及过境办理货物联运所共同遵循的基本文件，共包括四十一条规则和若干个附件，其主要内容有八章：第一章是总则；第二章是运输合同的缔结；第三章是运输合同的履行；第四章是运输合同的变更；第五章是铁路的责

任；第六章是赔偿请求、诉讼，赔偿请求和诉讼时效；第七章是各铁路间的清算；第八章是一般规定。其适用于缔约国铁路方面之间的国际直通货物联运，对铁路部门、发货人、收货人都有约束力，但不适用：①发、到站都在同一国内，而用发送国列车只通过另一国家过境运送货物；②两国车站间，用发送国或到达国列车通过第三国过境运送的；③两邻国车站间，全程都用某一方列车，并据这一铁路的国内规章办理货物运送的。

## （二）国际铁路货物运输合同双方的义务

### 1. 托运人的义务

根据《国际货协》的规定，托运人除了要遵守国内铁路运输中托运人须遵守的义务，还必须将在货物运送全程中为履行海关和其他规章所需要的添附文件附在运单上，必要时，还须附有证明书和明细书。如果托运人不履行这项义务，承运人应拒绝承运。这项义务是由国际铁路货物运输需要跨越国境的特点决定的。

### 2. 承运人的义务与责任

在国际铁路货物运输中，承运人的义务与国内铁路货物运输中承运人的义务基本相同。

《国际货协》对承运人所承担的责任作了与国内铁路货物运输基本一致的规定，即规定承运人对货物的灭失、损坏和迟延交付负赔偿责任。但对赔偿的范围和金额的计算有更详细的规定：对于货物全部或部分灭失，铁路的赔偿金额应按外国出口方在账单上所开列的价格计算；如果发货人对货物的价格另有声明，铁路应按声明的价格予以赔偿。

如果货物遭受毁损，铁路应赔偿相当于货物毁损金额的款额，不赔偿其他损失。声明价格的货物毁损时，铁路应按照货物由于毁损而降低价格的百分数，支付声明价格的部分赔款。如果货物逾期运到，铁路应以所收运费为基础，按逾期的长短，向收货人支付规定的逾期罚款。如果货物在某一铁路逾期，而在其他铁路都早于规定的期限运到，则确定逾期的同时，应将上述期限相互抵销。

对货物全部灭失予以赔偿时，不得要求逾期罚款。如果逾期运到的货物部分灭失，则只对货物的未灭失部分，支付逾期罚款。当逾期运到的货物毁损时，除货物毁损的赔款额外，还应加上逾期运到罚款。铁路对货物赔偿损失的金额，在任何情况下，都不得超过货物全部灭失时的数额。

## 情境分析

我们已经学习了铁路货物运输法律问题的相关知识，下面我们就用这些知识解决"情境导入"中的问题。

（1）水果公司应向A车站请求赔偿。理由是水果公司与A车站签订了铁路运输合同，存在铁路运输法律关系。

（2）承运人应对损害的发生负责任。作为承运人的B车站对标有"鲜活易腐"的货物不采取积极挂运措施，致使其停留7天，对押运人的正常合理要求不予理睬，其过错行为是损害发生的主要原因，应当依法承担责任。

（3）托运人对损害的发生应负责任。按照合同规定的数量、重量装运货物并使用合格的包装是托运人的义务。水果公司擅自多装了500筐苹果，成为苹果损坏的原因之一，托运人存在过错，应当承担相应的责任。

## 子情境五　分析公路货物运输法律问题

### ✓ 情境导入

某运输公司与A公司签订运输合同，将A公司的1000箱苹果通过公路运输从海南运往哈尔滨，在装车前各有关方对苹果进行了检查，完好无损。当苹果抵达哈尔滨时，发现所有苹果已经处于毁损状态。货方要求赔偿其损失，认为货损是由于承运人在积载时货箱之间间隔不充足，影响了冷藏集装箱内冷气的流通。承运方认为，苹果的积载并无不当，冷气系统也没有问题，货损原因是苹果在装车前过热，不适于较长时间的运输，这属于货物的固有缺陷，承运人可以免责。

问题：1. 托运人和承运人分别是谁？各自负有哪些义务？
　　　2. 如果货损是积载不当引起的，承运人是否应当承担责任？
　　　3. 如果货损是货物固有缺陷引起的，承运人是否应当承担责任？

### 🔗 知识学习

公路货物运输是指使用汽车或其他交通工具在公路上载运货物的一种运输方式。公路运输主要承担近距离、小批量的货运和水运、铁路运输难以到达地区的长途、大批量货运，以及铁路、水运优势难以发挥的短途运输。物流企业进行公路运输一般有三种情况：使用自有汽车进行运输、租用他人汽车进行运输、与汽车运输企业签订汽车运输合同来运输。我国有关公路货物运输的法律法规主要有《民法典》《道路运输条例》等。

#### 一、物流企业使用自有汽车进行运输

很多物流企业都拥有自己的车队，用以完成物流中的公路运输。此时，物流企业在操作中应注意履行下列义务：

（1）根据承运货物的需要，按货物的不同特性，提供技术状况良好、经济适用的车辆。运输特种货物的车辆和集装箱运输车辆，需要配备符合运输要求的特殊装置或专用设备。

（2）根据货物的情况，合理安排运输车辆，货物装载重量以车辆额定吨位为限。轻泡货物以折算重量装载，不得超过车辆额定吨位和有关长、宽、高的装载规定。

（3）认真核对装车的货物名称、重量、件数是否与单据上的记载相符，并检查包装是否完好。

（4）合理选择运输路线，缩短运输时间，降低运输成本，并将运输路线告知托运人。运输路线发生变化应通知托运人，以便其对运输进行监督。

（5）尽快运送，在合理的运输期限内将货物运达。

（6）保证运输安全，对产生的货损货差负责。

（7）货物运抵前，应当及时通知收货人做好接货准备，及时将货物交给收货人。

## 二、物流企业租用他人汽车进行运输

物流企业在租用他人汽车进行运输时，通常要与车辆所有人签订汽车租用合同。汽车租用合同是指出租人将汽车交给承租人使用、收益，由承租人支付租金的合同。此时，物流企业不仅要对物流需求方履行承运人的义务，还要依照汽车租用合同对汽车出租人履行承租人的义务。

### （一）汽车租用合同的订立

汽车租用合同订立要经过要约与承诺两个步骤。其中，一方当事人向另一方当事人发出订立汽车租用合同的意思表示，即为要约；而收到要约的一方当事人表示同意的意思表示，即为承诺。双方意思表示达成一致，汽车租用合同即告成立。

### （二）汽车租用合同双方的义务和责任

#### 1. 物流企业作为承租人应承担的义务和责任

（1）在接收汽车时，应对租用的汽车进行检查，确认汽车技术状况良好，并要核对行驶证、道路运输证等证件是否齐全、有效。行车中应随车携带上述有关证件。

（2）按照合同约定使用租用的汽车。租用的汽车只能在约定的地域或道路上载运约定种类的货物。如果物流企业以违背约定的方法使用租来的汽车，致使汽车受到损害，出租人可以解除合同，并要求物流企业赔偿损失。

（3）妥善保管租用的汽车。如果因保管不善致使汽车受到损害，物流企业要承担赔偿责任。

（4）按照合同约定承担燃料的费用。

（5）按照约定支付租金。超出合理期限仍不支付的，出租人可以解除合同。

（6）未经出租人同意，不得将租用的汽车转租给他人。否则，出租人可以解除合同。

（7）租用期限届满后，返还所租用的汽车。逾期不及时返还，要承担违约责任。

#### 2. 出租人应承担的义务和责任

（1）按照约定将汽车交给物流企业使用，并保持其适于约定用途的义务。否则，物流企业可以要求其承担违约责任。

（2）出租人有维修汽车的义务，物流企业可以要求其按照有关技术标准，加强车辆技术管理，保持汽车技术状态良好。如果出租人不履行维修义务，物流企业可以自行维修，并要求出租人承担维修费用。

## 三、物流企业与汽车承运人签订汽车货物运输合同进行运输

### （一）汽车货物运输合同的含义

汽车货物运输合同是指汽车承运人与托运人之间签订的明确相互权利义务关系的协议。很多物流企业在实践中，既不使用自己的汽车，也不租用别人的汽车来完成货物的运输，而是把

货物运输交给专业的汽车承运人来完成，并作为托运人或托运人的代理人与之签订汽车货物运输合同。

### （二）汽车货物运输合同的种类

汽车货物运输合同的订立可以采用书面形式、口头形式和其他形式。书面形式合同可以分为定期运输合同、一次性运输合同和运单。

#### 1．定期运输合同

定期运输合同是指汽车承运人与托运人签订的在规定的期间内，用汽车将货物分批量地由起运地运至目的地的汽车货物运输合同。

#### 2．一次性运输合同

一次性运输合同是指汽车承运人与托运人之间签订的，一次性将货物由起运地运至目的地的货物运输合同。定期运输合同和一次性运输合同的订立与其他运输合同的订立一样，要经过要约和承诺两个步骤。

#### 3．运单

在很多情况下，物流企业直接向汽车承运人托运货物。货物托运和承运的过程就是合同订立的过程，物流企业要作为托运人或托运人的代理人填写运单，并将运单与运送的货物交给汽车承运人。请求托运货物即物流企业向承运人发出要约的过程，如果承运人表示接受货物托运，并在运单上签字，就表示承运人进行了承诺。运单本身成为汽车货物运输合同。

### （三）汽车货物运输合同双方当事人的义务

#### 1．托运人的义务

（1）托运的货物名称、性质、件数、质量、体积、包装方式等，应与运单记载的内容相符。

（2）按照国家有关部门规定需要办理准运或审批、检验等手续的货物，托运人应将准运证或审批文件提交承运人，并随货同行。

（3）托运的货物中，不得夹带危险货物、贵重货物、鲜活货物和其他易腐货物、易污染货物、货币、有价证券以及政府禁止或限制运输的货物。

（4）托运货物应按约定的方式进行包装。没有约定或者约定不明确的，可以协议补充；不能达成补充协议的，按照通用的方式包装；没有通用方式的，应在足以保证运输、装卸搬运作业安全和货物完好的原则下进行包装。依法应当执行特殊包装标准的，按照规定执行。

（5）应根据货物性质和运输要求，按照国家规定，正确使用运输标志和包装储运图示标志。

（6）托运特种货物（如冷藏货物、鲜活货物等）时，应按要求在运单中注明运输条件和特约事项。

（7）货物包含需要照料的生物、植物、尖端精密产品、稀有珍贵物品、文物、军械弹药、有价证券、重要票证和货币时，必须派人押运。并且，应在运单上注明押运人员姓名及必要的情况。押运人员须遵守运输和安全规定，并在运输过程中负责货物的照料、保管和交接；如果发现货物出现异常情况，应及时作出处理，并告知车辆驾驶人员。

（8）托运人应该按照合同的约定支付运费。

## 2. 承运人的义务

（1）根据货物的需要和特性，提供适宜的车辆。该义务要求承运人提供的车辆应当技术状况良好、经济适用。对于特种货物运输，还应为特种货物提供配备符合运输要求的特殊装置或专用设备的车辆。

（2）承运人应按运送货物的情况，合理安排运输车辆。货物装载重量以车辆额定吨位为限，轻泡货物以折算重量装载，不得超过车辆额定吨位和有关长、宽、高的装载规定。

（3）按照约定的运输路线进行运输。如果在起运前要改变运输路线，承运人应将此情况通知托运人，并按最终的路线运输。

（4）在约定的运输期限内将货物运达，应当及时通知收货人或按托运人的指示及时将货物交给收货人。

（5）对货物的运输安全负责，保证货物在运输过程中不受损害。

## 3. 货物的接收与交付

在货物的接收与交付问题上，承运人与托运人双方应履行交接手续，包装货物采取件交件收；集装箱重箱及其施封的货物凭封志交接；散装货物原则上要磅交磅收或采用双方协商的交接方式交接。交接后双方应在有关单证上签字。

> **知识链接** 货物的查验与复磅
>
> 货物交接时，双方对货物的重量和内容有质疑，均可提出查验与复磅，查验和复磅的费用由责任方负担。

## 四、违约责任

汽车货物运输合同当事人如果不履行合同规定的义务，就要承担相应的违约责任。违约责任既包括支付违约金，也包括因货物损失而产生的损害赔偿金，以及《民法典》规定的其他责任形式。有关的公路货物运输法律法规也对承运人、托运人的违约责任进行了规定。

### 1. 托运人的责任

托运人未按合同规定的时间和要求备好货物和提供装卸条件，以及货物运达后无人收货或拒绝收货，使得承运人车辆放空、延滞或造成其他损失的，托运人应负赔偿责任。不如实填写运单，错报、误填货物名称或装卸地点，造成承运人错送、装货落空以及由此引起的其他损失，托运人应负赔偿责任。

由于托运人的下列过错，造成承运人、站场经营人、装卸搬运经营人的车辆、机械、设备等损坏、污染或人身伤亡，以及因此而引起的第三方的损失，托运人应负责赔偿：在托运的货物中故意夹带危险货物或其他易腐蚀、易污染货物以及禁、限运货物等；错报、匿报货物的重量、规格、性质；货物包装不符合标准，包装、容器不良，而从外部无法发现；错用包装、储运图示标志。

### 2. 承运人的责任

承运人未按运输期限将货物运达，应当承担违约责任；因承运人责任将货物错送或错交，可以要求其将货物无偿运到指定的地点，交给指定的收货人。

承运人未遵守双方商定的运输条件或特约事项，由此造成托运人的损失，承运人应负责赔偿。货物在承运责任期间内，发生毁损或灭失，承运人应当负赔偿责任。

> **知识链接** 承运责任期间
>
> 承运责任期间，是指承运人自接受货物起至将货物交付收货人止，货物处于承运人掌管之下的全部时间。托运人还可以与承运人就货物在装车前和卸车后对承担的责任另外达成协议。

如果有下列情况之一，承运人举证后可不负赔偿责任：①不可抗力；②货物本身的自然性质变化或者合理损耗；③包装内在缺陷，造成货物受损；④包装体外表面完好，而内装货物毁损或灭失；⑤托运人违反国家有关法令，致使货物被有关部门查扣、弃置或作其他处理；⑥押运人员责任造成的货物毁损或灭失；⑦托运人或收货人过错造成的货物毁损或灭失。

### 情境分析

我们已经学习了公路货物运输法律问题的相关知识，下面我们就用这些知识解决"情境导入"中的问题。

（1）托运人是 A 公司，承运人是某运输公司，双方各自的义务参考本书内容。

（2）如果货损是积载不当引起的，承运人应该承担责任。因为从货物交付运输到货物运抵目的地期间，承运人应对货物的灭失、缺少、变质、污染、损坏负责。承运人积载不当、管理疏忽造成了苹果损毁，所以承运人应该承担责任，赔偿托运人损失。

（3）如果货损是货物固有缺陷引起的，承运人可以免责。因为我国公路运输规定，只要承运人履行了自己的义务，由于不可抗力或货物本身性质的变化及货物在运送途中的自然消耗而造成的货物灭失损坏，承运人不负责赔偿。

## 子情境六　分析航空货物运输法律问题

### 情境导入

2022 年 8 月 11 日，广州凯捷货运代理有限公司与某航空公司签订航空货物运输合同，由某航空公司将价值 20 万元的货物由广州运往哈尔滨。飞机降落后货舱起火，凯捷货运代理有限公司货物全部烧毁。经调查，致远物流公司托运货物中擅自夹带的锂电池爆炸导致了货舱起火。

问题：1. 航空货物运输合同中托运人和承运人各自负有哪些义务？

2. 凯捷货运代理有限公司的货物损失由谁赔偿？

### 知识学习

航空货物运输是指在具有航空线路和航空港的条件下，使用飞机或其他航空器进行货物运输的一种运输方式。航空运输主要进行运量小、运距大、时间要求紧、运费负担能力相对较高的货物的运载。实践中，物流企业大多通过与航空公司签订航空货物运输合同来完成货物运输。在我国，航空货物运输要受《民法典》《民用航空法》《民用航空货物运输管理规定》等法律法规的调整。

## 一、航空货物运输合同概述

### （一）航空货物运输合同的含义

航空货物运输合同是指航空承运人与托运人签订的，由航空承运人通过空运的方式将货物运至托运人指定的航空港，交付给托运人指定的收货人，由托运人支付运费的合同。

### （二）航空货物运输合同双方的义务

#### 1. 托运人的义务

航空货物运输合同中托运人的义务主要包括：

（1）应当按照航空货物运输合同的约定提供货物。如实申报货物的品名、重量和数量。

（2）应对货物按照国家主管部门规定的包装标准进行包装；如果没有上述包装标准，则应按照货物的性质和承载飞机的条件，根据保证运输安全的原则，对货物进行包装。如果不符合上述包装要求，承运人有权拒绝承运。托运人必须在托运的货件上标明出发站、到达站，以及托运人、收货人的单位、姓名和地址，并按照国家规定标明包装储运指示标志。

（3）遵守国家有关货运安全的规定，妥善托运危险货物，并按国家关于危险货物的规定对其进行包装。不得以普通货物的名义托运危险货物，也不得在普通货物中夹带危险品。

> **职业提示**
>
> 在企业安全生产事故中，一个小小的违章操作，就可能引发一连串的安全事故。遵守安全生产操作规程的重要性，由此可见一斑。我们一定要从安全事故中吸取教训，"前事不忘，后事之师"，只有警钟长鸣，才能有效防止事故的发生。"安全第一，预防为主"，事实上，很多安全事故，往往是当事人违规操作造成的，这类安全事故是完全可以防止和避免的。在加强安全生产管理，完善各类安全规章制度的同时，必须切实加强从业者的安全教育。

（4）托运人托运货物须凭有效身份证明，填写货物托运书，办理托运手续。托运政府规定限制运输的货物以及需要向公安、检疫等有关部门办理手续的货物，应当附随有效证明。

（5）及时支付运费。运费应当在承运人开具航空货运单时一次付清，托运人与承运人另有约定的除外。

#### 2. 承运人的义务

航空货物运输合同中，承运人的主要义务包括：

（1）按照航空货运单上填明的地点，在约定的期限内将货物运抵目的地。

（2）按照合理或经济的原则选择运输路线，避免货物的迂回运输。

（3）对承运的货物应当精心组织装卸作业，轻拿轻放，严格按照货物包装上的储运指示标志作业，防止货物损坏。

（4）保证货物运输安全。

（5）按货运单向收货人交付货物。货物运至到达站后，除另有约定外，承运人应当及时向收货人发出到货通知。通知包括电话和书面两种形式。急件货物的到货通知应当在货物到达后 2 小时内发出，普通货物应当在 24 小时内发出。自发出到货通知的次日起，货物免费保管 3 日。逾期提取，承运人按规定核收保管费。货物被检查机关扣留或因违章等待处理存放在承运人仓库内，由收货人或托运人承担保管费和其他有关费用。

## （三）违约责任

### 1. 托运人的违约责任

因在托运货物内夹带、匿报危险物品，错报笨重货物重量，或违反包装标准和规定，而造成承运人或第三人的损失，托运人须承担赔偿责任。因没有提供必需的资料、文件，或者提供的资料、文件不充足或者不符合规定而造成的损失，除由于承运人或者其受雇人、代理人的过错造成的外，托运人应承担违约责任。未按时缴纳运输费用的，托运人应承担违约责任。

### 2. 承运人的违约责任

（1）承运人的赔偿责任。

因发生在航空运输期间的事件，造成货物毁灭、遗失或者损坏的，承运人应当承担责任。航空运输期间，是指在机场内、民用航空器上或者机场外降落的任何地点，托运行李、货物处于承运人掌管之下的全部期间，其中不包括机场外的任何陆路运输、海上运输、内河运输过程；但是，如果此种陆路运输、海上运输、内河运输是为了履行航空运输合同而进行装载、交付或者转运，在没有相反证据的情况下，所发生的损失视为在航空运输期间发生的损失。

在货物运输中，经承运人证明，损失是由索赔人或者代行权利人的过错造成或者促成的，应当根据造成或者促成此种损失的过错程度，相应免除或者减轻承运人的责任。

货物在航空运输中因延误造成的损失，承运人应当承担责任；但是，承运人证明本人或者其受雇人、代理人为了避免损失的发生，已经采取一切必要措施或者不可能采取任何措施的，不承担责任。

（2）承运人的免责事项。

承运人证明货物的毁灭、遗失或者损坏是由于下列原因之一造成的，不承担赔偿责任：①货物本身的自然属性、质量或者缺陷；②承运人或者其受雇人、代理人以外的人包装货物的，货物包装不良；③战争或者武装冲突；④政府有关部门实施的与货物入境、出境或者过境有关的行为。

（3）承运人的责任限额。

国内航空运输承运人的赔偿责任限额由国务院民用航空主管部门制定，报国务院批准后公布执行。《中国民用航空货物国内运输规则》规定："货物没有办理声明价值的，承运人按照实际损失的价值进行赔偿，但赔偿最高限额为毛重每公斤人民币 20 元。"托运人在交运货物时，特别声明在目的地交付时的利益，并在必要时支付附加费的，除承运人证明托运人声明的金额高于货物在目的地交付时的实际利益外，承运人应当在声明金额范围内承担责任。任何旨在免除承运人责任或者降低承运人赔偿责任限额的条款，均属无效。但是，此种条款的无效，不影响整个航空运输合同的效力。

## 二、国际航空货物运输

在国际航空货物运输方面，我国加入了《统一国际航空运输规则的公约》（通称《华沙公约》）及《海牙议定书》。我国《民用航空法》中对国际航空货物运输的部分事项也做了特别规定。交通运输部于2024年6月19日公布了《民用航空货物运输管理规定》，自2024年12月1日起施行，该规定专门对国际航空货物运输中的相关问题做出特殊规定。物流企业在办理国际航空货物运输时要注意遵守这些特别的规定。

国际航空货物运输在承运人的责任方面与国内航空货物运输的不同主要表现在承运人的免责事项和责任限额方面。

### 1．承运人的免责事项

《民用航空法》虽然没有对承运人的免责事项做出特别规定，但《华沙公约》和《海牙议定书》规定，在下列情况下，承运人可以免除或减轻责任：

（1）如果承运人证明自己及其代理人为了避免损失的发生，已经采取了一切必要的措施，或者不可能采取相应措施，即可免责。

（2）如果承运人能证明损失是由受损方引起或促发的，则可视情况免除或减轻责任。

### 2．承运人的责任限额

《民用航空法》规定，国际航空货物运输承运人的赔偿责任限额为每公斤17计算单位（特别提款权）。托运人在交运货物时，特别声明在目的地交付时的利益，并在必要时支付附加费的，除承运人证明托运人声明的金额高于货物在目的地交付时的实际利益外，承运人在声明金额范围内承担责任。

货物的一部分或者货物中的任何物件毁灭、遗失、损坏或者延误的，用以确定承运人赔偿责任限额的重量，仅为该一包件的总重量。但是，因货物的一部分或者货物中的任何物件的毁灭、遗失、损坏或者延误，影响同一航空货运单所列其他包件的价值的，确定承运人的赔偿责任限额时，此种包件的总重量也应当考虑在内。

《民用航空法》规定，在国际航空运输中，承运人同意未经填具航空货运单而载运货物的，或者航空货运单上未依照所适用的国际航空运输公约的规定而在首要条款中做出此项运输适用该公约的声明的，承运人无权援用《民用航空法》第129条有关赔偿责任限制的规定。

> **知识链接**　《民用航空法》第129条
>
> 第一百二十九条　国际航空运输承运人的赔偿责任限额按照下列规定执行：
>
> （一）对每名旅客的赔偿责任限额为16600计算单位；但是，旅客可以同承运人书面约定高于本项规定的赔偿责任限额。
>
> （二）对托运行李或者货物的赔偿责任限额，每公斤为17计算单位。旅客或者托运人在交运托运行李或者货物时，特别声明在目的地点交付时的利益，并在必要时支付附加费的，除承运人证明旅客或者托运人声明的金额高于托运行李或者货物在目的地点交付时的实际利益外，承运人应当在声明金额范围内承担责任。

托运行李或者货物的一部分或者托运行李、货物中的任何物件毁灭、遗失、损坏或者延误的，用以确定承运人赔偿责任限额的重量，仅为该一包件或者数包件的总重量；但是，因托运行李或者货物的一部分或者托运行李、货物中的任何物件的毁灭、遗失、损坏或者延误，影响同一份行李票或者同一份航空货运单所列其他包件的价值的，确定承运人的赔偿责任限额时，此种包件的总重量也应当考虑在内。

（三）对每名旅客随身携带的物品的赔偿责任限额为332计算单位。

《华沙公约》规定，货物的灭失、损坏或迟延交付，承运人的最高赔偿限额为每公斤250金法郎。但是，托运人在向承运人交货时，特别声明货物运到后的价值，并已缴付必要的附加费，则不适用此限额。在这种情况下，承运人的赔偿以声明的金额为限，除非承运人证明该金额高于货物运到的实际价值。同时，《海牙议定书》还规定，如经证明损失系由承运人、受雇人或代理人故意或明知可能造成损失而漠不关心的行为或不行为造成的，如系受雇人或代理人还必须证明他是在执行其受雇职务范围内的行为时造成的，则不适用公约的责任限额。

## 情境分析

我们已经学习了航空货物运输法律问题的相关知识，下面我们就用这些知识解决"情境导入"中的问题。

（1）航空货物运输合同中托运人和承运人的义务见本书内容。

（2）凯捷货运代理有限公司的损失由某航空公司和致远物流公司共同负责赔偿。理由是致远物流公司擅自夹带危险品锂电池，导致爆炸起火，符合"托运人因在托运货物内夹带、匿报危险物品，错报笨重货物重量，或违反包装标准和规定，而造成承运人或第三人的损失，托运人须承担赔偿责任"。某航空公司未能安全将货物送达目的地，违反与凯捷货运代理公司之间的航空货物运输合同，因此某航空公司应当承担责任。

## 子情境七 分析多式联运法律问题

### 情境导入

2022年7月，中国某烟花厂与德国威科公司签订烟花销售合同，约定某烟花厂将指定货号的烟花1800箱售予威科公司，总价格FOB青岛5万美元，2022年9月交货，允许分批装运，目的港汉堡，允许转船。某烟花厂随后与致远物流公司签订出口货物运输委托单，由致远物流公司负责办理国内公路运输及国际海运的一切事宜。信达运输公司受致远物流公司委托，派汽车将烟花运往青岛港装船，汽车司机在通过青岛港铁路专用线时未遵守规定，抢越道道，被火车撞上，汽车及所装烟花燃烧报废。致远物流公司以烟花因火灾损毁主张免责。

问题：1. 某烟花厂与致远物流公司存在什么法律关系？
2. 某烟花厂的损失由谁承担？

## 🔗 知识学习

集装箱运输的发展、贸易结构的变化、科学技术的进步以及电子商务的推广，为多式联运这一新兴运输方式的产生和发展提供了客观条件；货主对运输服务的高要求也对它的发展产生了巨大的推动力。在这样的背景下，多式联运迅速地发展起来。对物流企业来说，选择多式联运的方式来运送货物可以缩短运输时间，保证货物质量，节省运输费用，实现真正的运输合理化。我国的《海商法》和《民法典》对多式联运的相关事项都作了规定。

### 一、多式联运概述

#### （一）多式联运的概念

多式联运是指以两种及两种以上的运输方式完成同一货物的运输全过程的行为。多式联运涉及两个及以上的承运人，而且是不同运输方式的承运人。

#### （二）多式联运合同

多式联运合同是指多式联运经营人与托运人签订的，由多式联运经营人以两种或者两种以上不同的运输方式将货物由接管地运至交付地，并收取全程运费的合同。《民法典》第838条规定："多式联运经营人负责履行或者组织履行多式联运合同，对全程运输享有承运人的权利，承担承运人的义务。"《海商法》第102条规定："本法所称多式联运合同，是指多式联运经营人以两种以上的不同运输方式，其中一种是海上运输方式，负责将货物从接收地运至目的地交付收货人，并收取全程运费的合同。"

多式联运承运人，又称为多式联运经营人，是指本人或者委托他人以本人名义与托运人订立多式联运合同的人。《联合国国际货物多式联运公约》第1条规定："国际多式联运是指按照多式联运合同，以至少两种不同的运输方式，由多式联运经营人将货物从一国境内接管货物的地点运至另一国境内指定交付货物的地点。"

#### （三）多式联运的法律特征

##### 1. 只有一个多式联运承运人，而且要对全程运输负责

《海商法》第102条第2款规定："前款所称多式联运经营人，是指本人或者委托他人以本人名义与托运人订立多式联运合同的人。"多式联运合同的承运人只有一个，但实际承担运输义务的人至少是两个以上，而且分别采用不同的运输方式，否则，就不能称之为多式联运。例如，公路运输企业与铁路运输企业进行联合运输，就是一种多式联运。如果仅是铁路运输企业之间进行联合运输，则不属于多式联运。

多式联运经营人与托运人签订多式联运合同，按照合同规定，多式联运经营人对全程运输负总的责任。

##### 2. 存在一个多式联运合同

多式联运合同明确规定多式联运经营人和托运人之间的权利、义务和责任。多式联运经营人收到托运人交付的货物时，应当签发多式联运单据。多式联运单据具有合同的效力。缔约承运人的行为对全体承运人均具有法律效力。运费的单一性、运输全程化是多式联运的基本特征。

### 3. 使用一份全程多式联运单据

多式联运单据是由多式联运经营人在接管货物时签发给托运人的，用以证明多式联运合同以及证明多式联运经营人已经接管货物并交付货物的单据。

### 4. 是两种以上不同运输方式的连贯运输

多式联运是两种以上不同运输方式的连贯运输，包括铁路、公路、航空、海运等任何两种以上运输方式的联合运输。

## 二、多式联运合同的订立

### 1. 合同的订立

签订多式联运合同的程序与一般合同一样，都要经过要约和承诺两个阶段。所不同的是，多式联运合同的实际承运人是数个不同的具有独立法人资格的运输企业，除缔约承运人参与订立合同外，其他承运人并不参与合同的订立过程，也不作为当事人出现在合同中。托运人只与缔约承运人发生法律上的权利和义务关系，缔约承运人的行为对全体承运人具有法律约束力。

因此，多式联运的经营人（缔约承运人）要充分考虑其他区段承运人的运输能力，与各个实际承运人之间签订协议，约定在履行多式联运合同过程中相互之间的权利义务关系，并与托运人商定具体的运输条件，以保证运输活动的顺利进行。多式联运的各个区段的承运人可以约定相互之间的责任，但是该约定不影响多式联运承运人对全程运输所应承担的义务。

### 2. 多式联运合同的内容

多式联运合同的内容是多式联运合同的主要条款。一般情况下，多式联运合同应当具备以下内容：货物名称、重量、件数；包装；运输标志；起运站（港）和到达站（港）；换装站（港）；托运人、收货人名称及详细地址；运费、港口费和有关的其他费用及结算方式；承运日期及到达期限；经由站名及线名；货物价值；双方商定的其他事项。

## 三、多式联运单据

### （一）多式联运单据概念

多式联运单据，是指证明多式联运合同以及证明多式联运经营人已接管货物并负责按照合同条款交付货物的单据。经常用于国际集装箱多式联运的多式联运提单是多式联运单据的主要形式。

### （二）多式联运单据的功能

#### 1. 多式联运单据是多式联运合同已经订立的证明

多式联运单据的签发，意味着托运人已经与多式联运经营人就多式联运合同的主要内容达成一致意见，确立了合同关系。同时，多式联运单据的签发，也是履行多式联运合同的一种形式和具体表现，单据记载的内容以及背面所载的条款也是多式联运合同的重要组成部分，进一步明确多式联运经营人与托运人之间的权利义务关系。

### 2. 多式联运单据是货物的收据

多式联运单据的签发，表明货物已经交由多式联运经营人保管和控制，承运人对货物的责任期间开始启动。多式联运经营人必须在目的地按照多式联运单据记载的事项，向收货人交付货物。

### 3. 多式联运单据是提货的凭证

收货人必须以单据要求提货；多式联运经营人也以此为依据交付货物。如果多式联运单据属于可转让的多式联运提单，则又具有货物所有权凭证的效力。

## （三）多式联运单据的性质

多式联运单据具有可转让性，可以按照一定的方式和程序进行流通。多式联运单据是否具有可转让性，取决于托运人的意志，但必须在单据上注明。不可转让的联运单据，应当指明具体的收货人，与记名提单相似，多式联运经营人将货物交付给该记名的收货人即为履行了交货义务。在多式联运单据上，也可以记载按照托运人的指示交付货物，多式联运经营人向托运人书面通知所指定的收货人交付货物。按照指示交付货物的多式联运单据，转让必须以背书的方式进行；向持有人交付货物的多式联运单据，则无须背书即可转让。

## （四）多式联运单据的内容

多式联运单据应当载明下列事项：

（1）货物的种类、包装或者件数、货物的毛重，或者以其他方式表示的数量、识别货物的主要标志。如果货物属于危险品，还应具有危险特性的说明。上述事项由托运人负责提供。

（2）货物的外表状况。多式联运经营人接管货物时，应当在多式联运单据上记载货物的外在状况。

（3）托运人的名称或者姓名。

（4）经托运人指定的收货人的名称或者姓名。

（5）多式联运经营人接管货物的地点和日期。

（6）交货地点以及双方约定的交货日期。

（7）表示该多式联运单据为"可转让"或者"不可转让"的声明。

（8）多式联运经营人或者其授权人的签字以及单据签发的日期、地点。

（9）运费的交付，预期运输经由路线、运输方式以及换装地点。

# 四、多式联运经营人的责任

## 1. 责任期间

多式联运经营人的责任期间是指多式联运经营人对所运输保管的货物负责的期间。托运人可以要求多式联运经营人对在其责任期间发生的货物灭失、损坏和迟延交付负赔偿责任。《海商法》第103条规定："多式联运经营人对多式联运货物的责任期间，自接收货物时起至交付货物时止。"《民法典》第839条规定："多式联运经营人可以与参加多式联运的各区段承运人就多式联运合同的各区段运输约定相互之间的责任；但是，该约定不影响多式联运经营人对全程运输承担的义务。"

### 2. 责任形式

目前，国际上大多采用的是网状责任制。多式联运经营人就全程运输向货主负责，各区段承运人仅对自己完成的运输区段负责。无论货物损害发生在哪个运输区段，托运人或收货人既可以向多式联运经营人索赔，也可以向该区段的实际承运人索赔。但各区段适用的责任原则和赔偿方法仍根据调整该区段的法律予以确定。多式联运经营人赔偿后有权就各区段承运人的过失所造成的损失向区段承运人进行追偿。

我国的法律法规在多式联运经营人的责任形式方面一致采用了网状责任制。《海商法》规定，多式联运经营人负责履行或者组织履行多式联运合同，并对全程运输负责。多式联运经营人与参加多式联运的各区段承运人，可以就多式联运合同的各区段运输，另以合同约定相互之间的责任。但是，此项合同不得影响多式联运经营人对全程运输所承担的责任。货物的灭失或者损坏发生于多式联运的某一运输区段的，多式联运经营人的赔偿责任和责任限额，适用调整该区段运输方式的有关法律规定。货物的灭失或者损坏发生的运输区段不能确定的，多式联运经营人应当依照《海商法》第4章有关承运人赔偿责任和责任限额的规定负赔偿责任。

## 五、国际货物多式联运

在国际货物多式联运领域内，较有影响的国际公约主要有三个：1973年《联合运输单证统一规则》、1980年《联合国国际货物多式联运公约》、1991年《多式联运单证规则》。这三个公约与我国的规定之间相比较，主要的不同点在于多式联运经营人责任制度方面的不同。

### （一）多式联运经营人的责任基础

#### 1.《联合国国际货物多式联运公约》的规定

该公约实行修正后的统一责任制。多式联运经营人对全程运输负责。不管是否能够确定货运事故发生的实际运输区段，都适用公约的规定。但是，若货运事故发生的区段适用的国际公约或强制性国家法律规定的赔偿责任限额高于公约规定的赔偿责任限额，则应该按照该国际公约或国内法的规定限额进行赔偿。

该公约实行推定过失责任制，即如果造成货物灭失、损坏或迟延交付的事故发生在联运责任期间，联运经营人就应负赔偿责任，除非联运经营人能证明其本人、受雇人或代理人等为避免事故的发生及后果已采取了一切所能采取的措施。

#### 2.《联合运输单证统一规则》的规定

该规则实行网状责任制。如果能够确定灭失、损坏发生的运输区段，多式联运经营人的责任适用于该运输区段的强制性国内法或国际公约的规定办理。如果不能确定灭失、损坏发生的区段，则按本规则的规定办理。该规则对多式联运经营人实行推定过失责任制，具体规定类似于《汉堡规则》的承运人推定过失责任制。

#### 3.《多式联运单证规则》的规定

该规则实行一种介于网状的规定责任制和统一责任制之间的责任形式。总体上采用推定过失责任原则，但是对于水上运输的区段，实际上仍采用了《维斯比规则》的不完全过失责任制。该规则规定，多式联运经营人对海上或内河运输中由于下列原因造成的货物灭失或损坏以及迟延交付，不负赔偿责任：船长、船员、引航员或受雇人在驾驶或管理船舶中的行为、疏忽或过失；火灾（除非由承运人的实际过失或私谋造成）。

### （二）多式联运经营人的赔偿责任限额

#### 1.《联合国国际货物多式联运公约》的规定

该公约规定，多式联运包括水运的，每包或其他货运单位的最高赔偿额不得超过920特别提款权，或者按毛重每公斤不得超过2.75特别提款权计算，并以其中较高者为准；如果联运中不包括水运，则按毛重每公斤不超过8.33特别提款权计算，单位限额不能适用。关于迟延交付的责任限额为所迟延交付的货物应付运费的总额。

如经证明，货物的灭失、损坏或迟延交付系多式联运经营人的故意或者明知可能造成的轻率作为或不作为所引起，多式联运经营人便丧失引用上述责任限制的权利。

#### 2.《联合运输单证统一规则》的规定

该规则规定，如果能够知道货物损失发生的运输区段，多式联运经营人的责任限额依据该区段适用的国际公约或强制性国内法的规定确定。如果不能确定损失发生的区段，责任限额为货物毛重每公斤30金法郎。如果经联运经营人同意，发货人已就货物申报较高的价值，则不在此限。但是，在任何情况下，赔偿金额都不应超过有权提出索赔人的实际损失。

#### 3.《多式联运单证规则》的规定

该规则规定，如果能够确定货物损失发生的运输区段，则应适用该区段适用的国际公约或强制性国内法规定的责任限额。当不能确定损失发生的区段时，如果运输方式中包含水运，其责任限额为每件或每单位666.67特别提款权或者毛重每公斤2特别提款权，并以其中较高者为准；如果不包含水运，责任限额则为每公斤8.33特别提款权。如果发货人已对货物价值作出声明，则应以声明价值为限。

### 情境分析

我们已经学习了多式联运法律问题的相关知识，下面我们就用这些知识解决"情境导入"中的问题。

（1）某烟花厂与致远物流公司存在多式联运合同关系。某烟花厂是托运人，致远物流公司是多式联运经营人。

（2）某烟花厂的损失由致远物流公司负责赔偿。

本案例属于多式联运合同货物损害赔偿纠纷。因货损发生在中国境内的陆路运输区段，故有关的赔偿责任、责任限额等应适用调整该区段运输方式的《民法典》等法律法规。

根据《海商法》第104条"多式联运经营人负责履行或者组织履行多式联运合同，并对全程运输负责。多式联运经营人与参加多式联运的各区段承运人，可以就多式联运合同的各区段运输，另以合同约定相互之间的责任。但是，此项合同不得影响多式联运经营人对全程运输所承担的责任"的规定，致远物流公司对此具有不可推卸的法律责任。货损发生在我国境内的陆运过程中，根据《海商法》第105条"货物的灭失或者损坏发生于多式联运的某一运输区段的，多式联运经营人的赔偿责任和责任限额，适用调整该区段运输方式的有关法律规定"的规定，本案赔偿责任问题应适用《民法典》等法律，而不适用《海商法》的规定。故致远物流公司关于货损系火灾造成，根据《海商法》承运人应免责的抗辩理由不成立。况且火灾系本案货损的结果或者说表现形式，驾驶疏忽所致的剧烈碰撞才是货损的原因，故被告以火灾为由要求免责的抗辩理由，即使适用《海商法》也不能成立。

## 闯关考验

### 一、单选题

1. 甲生产企业委托乙运输公司运送一批价值500万元的原材料，双方签订了运输合同，根据合同甲公司向乙公司支付了2万元运费。该运输合同的标的是（　　）。
   A. 500万元的原材料　　　　　　B. 2万元运费
   C. 原材料和运费　　　　　　　D. 乙公司的运输行为

2. 货物运输合同的主体不包括（　　）。
   A. 托运人　　　　　　　　　　B. 承运人
   C. 收货人　　　　　　　　　　D. 货运代理人

3. 关于提单的法律性质，下列说法错误的是（　　）。
   A. 物权凭证　　　　　　　　　B. 接收货物的收据
   C. 运输合同的证明　　　　　　D. 海运单

4. 下列（　　）原因造成的货物损失，铁路承运人要承担赔偿责任。
   A. 不可抗力　　　　　　　　　B. 货物本身的自然属性
   C. 托运人或收货人的过错　　　D. 铁路承运人过失

5. 我国的法律法规在多式联运经营人的责任形式方面采用（　　）。
   A. 责任分担制　　　　　　　　B. 统一责任制
   C. 修正后的统一责任制　　　　D. 网状责任制

### 二、多选题

1. 货物运输合同的法律特征是（　　）。
   A. 货物运输合同是利他合同　　B. 货物运输合同是诺成合同
   C. 货物运输合同是双务合同　　D. 货物运输合同是有偿合同

2. 承运人对承运的货物在交付收货人前毁损、灭失应当承担赔偿责任。但是，如果承运人能够证明货物的毁损、灭失是由（　　）造成的，则不承担赔偿责任。
   A. 战争　　　　　　　　　　　B. 货物自身属性
   C. 托运人未告知货物属性　　　D. 收货人未及时提货

3. 海上货物运输合同中承运人的义务是（　　）。
   A. 提供适合的运输工具　　　　B. 合理速遣义务
   C. 按时交货义务　　　　　　　D. 保证船舶适航义务

4. 《海商法》规定，在责任期间由于（　　）导致货物发生灭失或者损坏，承运人不负赔偿责任。

  A. 战争      B. 海上意外事故
  C. 司法扣押     D. 罢工

5. 关于运单的说法，正确的是（　　　）。

  A. 运单是水路货物运输合同的证明    B. 运单是水路货物运输合同
  C. 运单是承运人接收货物的收据     D. 运单是承运人交货的凭证

6. 水路货物运输合同中承运人的义务是（　　　）。

  A. 妥善地装载、搬移、积载、运输、保管、照料和卸载所运货物
  B. 使船舶适航
  C. 按照约定、习惯或者地理上的航线将货物运送到约定的目的港
  D. 交货义务

7. 铁路承运人应当按照合同约定的期限或者国务院铁路主管部门规定的期限，将货物运到目的站；逾期运到的，铁路承运人应支付违约金。对于（　　　）铁路承运人不支付违约金。

  A. 超限货物      B. 限速运行的货物
  C. 免费运输的货物     D. 货物全部灭失

8. 物流企业作为承租人租用他人汽车进行运输应承担（　　　）义务和责任。

  A. 在接收汽车时，应对租用的汽车进行检查
  B. 妥善保管租用的汽车
  C. 未经出租人同意，不得将租用的汽车转租给他人
  D. 按照约定支付租金

9. 航空货物运输合同中，托运人在（　　　）情况下需要承担违约责任。

  A. 在托运货物内夹带、匿报危险物品
  B. 提供的资料、文件不充足
  C. 未按时缴纳运输费用
  D. 错报笨重货物重量

10. 航空货物运输中承运人证明货物的毁灭、遗失或者损坏是由于（　　　）造成的，不承担赔偿责任。

  A. 货物本身的自然属性、质量或者缺陷
  B. 托运人包装货物引起的货物包装不良
  C. 战争或者武装冲突
  D. 政府封锁边境口岸

### 三、简述题

1. 简述货物运输合同中承运人和托运人的权利、义务。
2. 简述海上货物运输合同中承运人的责任。
3. 简述水路货物运输合同中承运人和托运人的违约责任。
4. 简述汽车货物运输合同中承运人和托运人的权利、义务。
5. 简述航空货物运输合同中承运人的免责事项。

## 四、技能训练

2022 年，发货人中国 A 进出口公司委托 B 对外贸易运输公司将 750 箱海产品从上海港出口运往印度，B 对外贸易运输公司又委托其下属 S 分公司代理出口。S 分公司接受委托后，向 P 远洋运输公司申请舱位，P 远洋运输公司指派了箱号为 HTM—5005 等 3 个满载集装箱后签发了清洁提单，同时发货人在中国人民保险公司处投保海上货物运输的战争险和一切险。货物运抵印度港口，收货人拆箱后发现部分海产品因箱内不清洁而腐烂变质，即向中国人民保险公司在印度的代理人申请查验。检验表明，250 箱海产品被污染。检验货物时，船方的代表也在场。为此，中国人民保险公司在印度的代理人赔付了收货人的损失之后，中国人民保险公司向人民法院提起诉讼。

将同学按 4～6 人一组进行分组，每组派一人专门记录，然后完成以下实训。

### （一）案例分析

1. 在集装箱运输中，P 远洋运输公司应负有什么义务？它是否应对损失负责？
2. 在集装箱运输中，S 分公司应负有什么义务？它是否应对损失负责？
3. 如果中国人民保险公司有资格作原告，它应将谁列为被告？

### （二）实践提升

组织学生观看运输法律纠纷方面的法庭庭审，总结庭审过程，撰写心得体会。

运输法律纠纷案例

# 参考文献

[1] 梁慧星. 民法总则讲义 [M]. 北京：法律出版社，2018.

[2] 韩世远. 合同法总论 [M]. 北京：法律出版社，2018.

[3] 张冬云，谷晓峰. 物流法律法规概论与案例 [M]. 2 版. 北京：北京交通大学出版社，2015.

[4] 杨志刚，邬丽君，汪媛媛. 国际物流运输实务与法规指南 [M]. 北京：化学工业出版社，2014.

[5] 周艳军. 物流法律法规知识 [M]. 2 版. 北京：中国财富出版社，2015.

[6] 李杰，张体勇，方静. 物流法律法规基础 [M]. 3 版. 北京：机械工业出版社，2023.

[7] 王芸. 物流法律法规与实务 [M]. 3 版. 北京：电子工业出版社，2017.

[8] 罗佩华，郭可. 物流法律法规 [M]. 3 版. 北京：清华大学出版社，2021.

[9] 司玉琢. 海商法 [M]. 2 版. 北京：法律出版社，2007.

[10] 李联卫. 物流案例精选与评析 [M]. 北京：化学工业出版社，2019.

[11] 王枚. 物流法律法规 [M]. 3 版. 武汉：华中科技大学出版社，2019.

[12] 陈安. 国际经济法学 [M]. 7 版. 北京：北京大学出版社，2017.